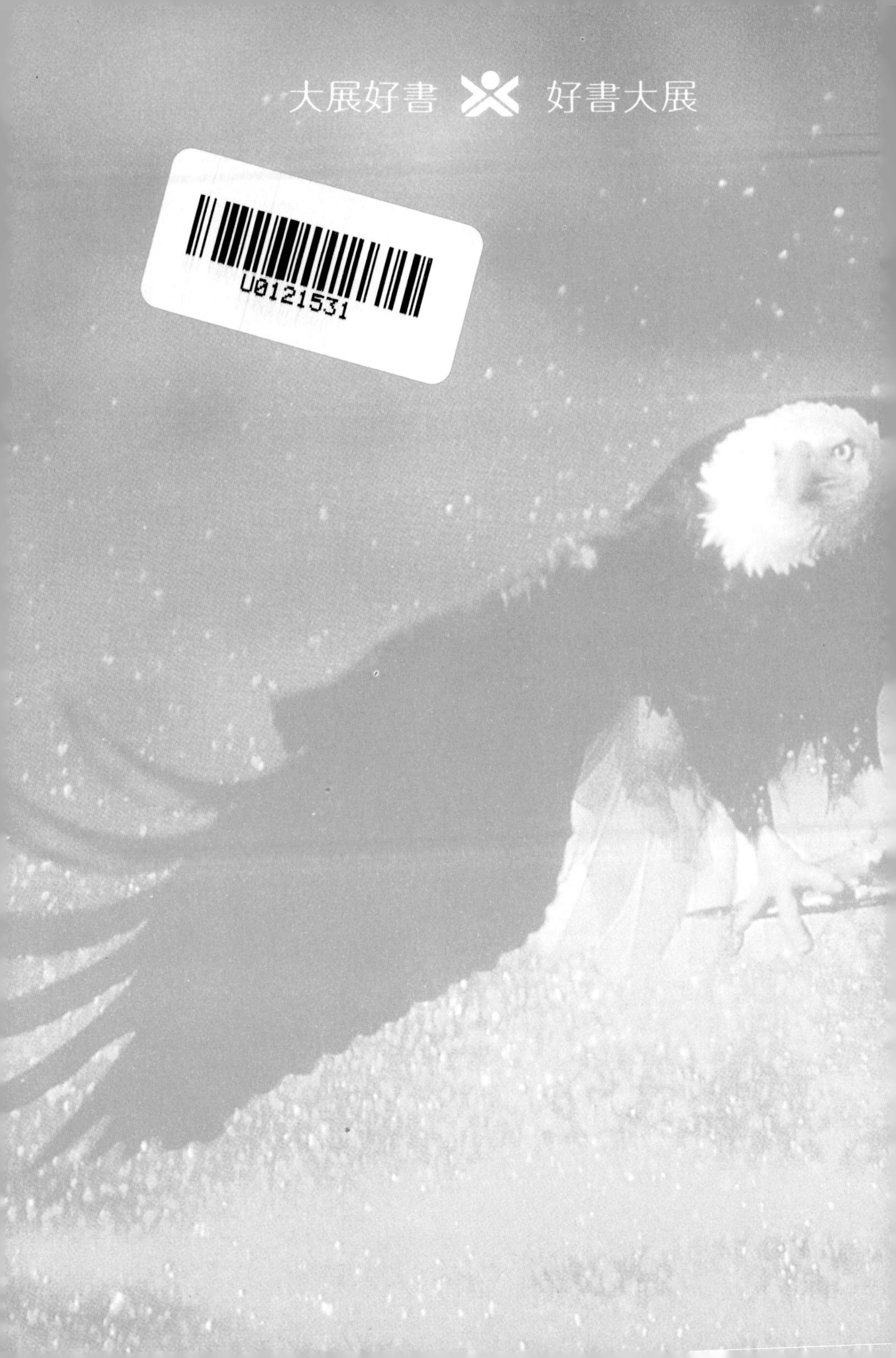
大展好書 好書大展

銀髮族智慧學 5

退休後的夫妻健康生活

並木智彬／著
施聖茹／譯

大展出版社有限公司
DAH-JAAN PUBLISHING CO., LTD.

前言

最近，有人把退休後的男人，譏為最大的垃圾、濕落葉族等。所以，有退休離婚的說法。在我那個年代的人，認為男人在退休之後，回到家裡，可以享受家人的愛情滋潤，過著幸福的老後生活。不過，我認為就目前的情況而言，已經落伍了。

為什麼會這樣呢？我在退休前的二年，開始收集退休後的資料。從這些資料中，可以了解時代的改變極大。男性的意識完全沒有改變，而女性的意識改變很大，因而產生這樣的結果。

男性無法跟得上時代的變化。退休以後，是否能夠過著二十年的幸福生活呢？需要做哪些準備呢？這都需要一一檢討。

我在採訪的過程中，也調查了自己在退休後的經濟狀態。當然，養老金也是非常大的問題。但是，我並沒有社會保險勞動者的資格。

因此，本書不談及這題目。

本書主要的內容是人際關係、家庭問題、生存意義、心理問題。想一想，如果能夠解決家庭、生存意義、心理方面的三大問題，也許就不需要擔心經濟問題了。

對於上班族而言，退休是一大問題。有些人會因此而受到很大的震撼。為了避免如此，希望能在退休以後，健康地和太太一起生活二十年。因此，詳細地寫下採訪的結果。

只要是勤勞的人，都會是我的同伴。想要過著平順的退休生活，就必須針對人生的軟體部分來考慮。在企業或組織中，不論是公司職員的商談或專業的諮商，針對退休政策，如果能夠利用本書，當作高齡者講座的參考書，真是榮幸之至。

退休並不可怕，是體驗新人生的寶貴機會。不需要焦慮、擔憂，可以輕輕鬆鬆的生活。

目　錄

第2章　和家人一起生活

第3章　提早退休後的健康快樂的生活

第4章　一旦想到就要立刻執行的健康生活

第5章 退休以後，能夠健康而有元氣地生活的人

第1章——是否考慮過自己的健康呢？

如何才能在退休後，健康地過生活呢？自己照顧自己，關心家人，融入社會……。要自我照顧，首先就是要關心自己的健康。

要充分了解醫生的話

「喝酒要適量。」

「避免做激烈的運動，每天須做適度的運動，而且，要持之以恆。」

「有肥胖傾向，吃東西不可過量……。」

到衛生所或醫院接受健康檢查時，都會有人這麼告訴我。九年前，心肌梗塞發作，一直到現在，仍然受到這疾病的影響，雖然不會致死，但是，經常有人會告誡我。

他們所謂的「適量」或「適度」，到底是指什麼呢？某日，我下定決心，問道：

「適量的酒究竟是多少？」

「啤酒一大瓶、清酒一壺、加水的威士忌一杯。」

有位不會喝酒的朋友，也提出這樣的問題。結果，得到的答案都是「啤酒一大瓶、清酒一壺、加水的威士忌一杯」。此時，這位朋友說：「如果我喝這麼多酒，我會痛苦至死。即使不死，也會睡上個二、三天。」所謂的適量，指的是一般的數量。

我對自己的酒量並不自豪，只是不知道應該如何斟酌「適量的酒」。

適度的運動，指的是什麼程度的運動呢？

他們告訴我：「稍微出汗，脈搏超過一二〇。」我們沒有醫學常識，何謂脈搏一二〇，也不了解。有些手錶有測量脈搏的設計，但在運動時，無法一直壓著錶上的開關。我的家庭醫生告訴我：「快走二十分鐘左右，一天走二～三次。」我也請他舉出具體的運動名稱來說明。

「高爾夫不能算是運動，游泳的運動量不錯。但是，水溫和水壓會使血壓上升，所以，最好要避免。網球也不行。初學者只能負責撿球，否則容易疲倦。滑雪時，則要注意腳是否會骨折，這可能會成爲臥床不起的原因。」我想起這樣的談話，要適度、適量，不勉強自己。而且，是每天能夠持續的量。一邊理解醫生的話，一邊詢問，這是非常重要的，不要擅作解釋。

健康檢查數值只是參考

自己的健康狀況如何？如果想弄清楚，應該要怎麼辦呢？

其一就是健康檢查結果的數值。

「血壓非常高。」

「膽固醇增高。」

「肝機能的指數也高。」

當你的診斷結果是這樣的時候，也許，你會找朋友商談。

我在去年到衛生所檢查，拿到綜合診斷書。看到結果，令人覺得很費神。血壓總是很高，血管擴張時（低的）更高。以前，就有這種症狀，我也相當注意地在服藥，但是，卻逐漸增高。數值這麼高，也讓我感到驚訝。

自從出現這樣的結果，我就到診療所接受血壓的測量。在此之前，我對這樣的檢查數值感到奇怪，產生了懷疑。發覺檢查的機關不同，數值也會不一樣，而且，存在著個別差異。詢問醫生，會發現更不能相信數字。

雖然如此，但也不能漠視這些數值，因為它們具有某種程度的指標效用，尤其到了中老年，可以將數值當作一種預測。

拿到健康檢查報告的時候，會在意，當然很好，但是，切勿過分執著。最好是「哦，是這樣嗎？那麼，我要留意一點了」。不需因此而擔心受怕，當然，也不可漠視。如果覺得不舒服，要立刻接受醫生的檢查，這一點非常重要。

不論數值如何，也只能當作一種參考。要多留心，守護自己。我曾聽一位衛生署官員說：「這是維持健康的方法。」

另一項是同伴之間的對話。

「最近，手掌都紅紅的。不知道怎麼了？」

「有時，胸部會緊縮疼痛。」

「腳底的感覺遲鈍，有時會覺得麻痺。」

這可說是重大疾病的前兆，可以當作參考。和朋友談起的時候，如果出現相同的症狀，要馬上接受檢查。無論如何，健康檢查只是一種參考，但仍不可漠視……。

大衆傳播媒體之健康欄是「疾病之欄」

現代是大衆媒體氾濫的世界。在每一份報紙上，都可以看到健康專欄，佔的篇幅都相當大。前一陣子所看到的，大多是金錢、不動產一類的報導。現在，已經完全改變了。大概是因爲「遇上泡沫經濟，賺錢實在不容易。可是，無論如何，也要留意自己的健康」。

健康雜誌不斷的出版，甚至連女性雜誌、週刊，都出現了健康方面的專欄。電視也一一推出了健康節目。

不過，請你們仔細看看，它們是不是眞的在報導健康事宜呢？

事實上，報紙上的健康專欄，談的都是疾病。例如，「現在○○疾病正在流行」、「已經找到這種疾病的新治療法」、「如果這樣，會生病」等等。「如果這麼實行，會變得健康」，幾乎沒有關於這種健康的報導。大半都是以疾病爲「主角」的「疾病專欄」。

甚至在健康雜誌上，會出現「喝這個就能治好疾病」、「我的腰痛是這麼治好的」、「爲了避免生病，要這麼做」等這一類的消息。

某電視台的主持人曾說：「早上吃維他命C，晚上攝取鈣質，可避免感冒和骨質疏鬆症」、「打盹可以預防感冒」、「吃魚可防止心臟病、腦溢血」等等。他的話會讓你有種原來如此的感覺，而開始嘗試去實行。

不過，如果沒有持續實行，是不會出現明顯的效果。可是，只要努力，稍微持續用心嘗試，很不可思議地，會讓你覺得變健康了。

這些節目、新聞、雜誌，報導的都是有關疾病的訊息，畢竟要在退休後，維持五十歲層的健康，不太容易。而這些報導也只是有關疾病的對症療法罷了。

但是，如果能透過健康的專欄，認識有關的疾病和避免生病的方法，參考痊癒的人治療經過，以及出現在節目中的著名醫生的專長、診療地點，那就受益匪淺了。

如何看待健康食品？

健康食品永遠不會被淘汰，反而逐漸受到大家的歡迎。甚至在百貨公司，都有健康食品的賣場。以前，這些是由藥局所販賣，不被視爲普通食品，現在則被包裝得很精緻時髦。一般而言，自然食品店和健康食品店，都可以買得到。

自然食品和健康食品究竟有何不同？即使是經常逛百貨公司，也無法區別。在百貨公司的另一個食品販賣處，可以看到有機蔬菜栽培和無農藥蔬菜部。二者之間，有何差異呢？實在很難區分。

「羅漢果」是一種無熱量的甘味料，可以加入茶或咖啡中。和砂糖不一樣，是無熱量的，沒有人工甘味料奇怪的甜味。最近，我很喜歡用。

在自然食品販賣處和健康食品販賣處，經常可以看到各式各樣的健康食品陳列在架子上。如戡菜、月見草等，幾乎是小時候常吃的東西。因為這些食物有益健康，因此，會被陳列在架子上販賣。

這些包裝精美的自然、健康食品的效果，又是如何呢？我認為最好不要太執著。

有些有關健康的電視節目中，會介紹一些食物健康法。例如，「沙丁魚健康法」、「豆腐讓人健康」等。可是，被邀請來的醫生，最後都會說，「最重要的還是飲食的均衡」。

食品中含有許多重要的維他命和礦物質，例如，納豆可以淨化血液，可是，如果因此而只吃納豆也不行。均衡地攝取各種食物，才是維持健康的秘訣。

健康食品被認爲是有益的，只要吃它，就能維持健康。但是，最近已證實，壞膽固醇在維持體力方面，也是必要的。最重要的是，什麼東西都要吃，不要偏食。

自行測量健康度①

自己的健康狀況究竟如何呢?你是否有想過這問題?

到醫院接受檢查，一旦發現罹患疾病，則會妨礙工作，因此，一般人不願意接受檢查，可是，還是會感到擔心。於是，開始閱讀關於疾病和健康的書籍，藉此了解自己的健康情形。如果你的太太是很喜歡看電視的全職家庭主婦，不妨找她談一談。或許她會很清楚呢!

通常，一些受家庭主婦歡迎的節目，會介紹有關健康的資訊。例如，可以用單腳站立約六十秒鐘，是屬於三十歲層的體力。一般而言，女性健康雜誌都會刊載健康的專欄，你的太太很可能就擁有這一方面的知識。

我從大學教授和醫師那裡聽到:「如果中高年齡者能夠做到以下事項，就表示健康。」

首先，是腳的狀態。

◆搭乘電車，如果沒有座位，會採取何種站立的方法？

站立的方法各式各樣，有的人緊緊握著吊環，利用吊環來支撐體重；有的人則指尖輕輕觸摸吊環，只有在搖動時，才會抓住吊環。若左手掛在吊環上，表示腳的力量衰弱。最佳的狀態是，輕輕觸摸吊環，站在電車上去工作的人。

◆可以將行李放到高處嗎？

要把行李放到高處的架子上時，必須運用腕力，而且，必須伸展腳。腳掌抓地，使身體取得平衡。若腳的狀況衰弱，便無法完成這個動作。

◆可以單脚站立幾秒鐘呢？

對於中高年齡者而言，這是很困難的。在需要站著的派對中，他們會想要坐下來，單腳站立，實在是太困難了。根據一位醫生的說法，這是最容易了解一個人腳力的標準。要經常鍛鍊腳力，至少能夠保持十五秒鐘。最理想的是，穿著襪子做單腳站立的動作。日本歌舞伎的明星、舞蹈家，在換衣服時，都是穿襪子進行的。

接下來，談有關手和眼睛的項目。

自行測量健康度②

我們來看看眼睛的老化度。

◆可以閱讀報紙嗎？

當然，可以戴眼鏡。四十歲層的後半期，很多人開始出現老花眼，無法看清楚較小的文字。隨著年齡逐漸增長，即使戴老花眼鏡，可能看起來還是模糊的吧。其實，這是有個別差異的。有的人到了九十歲，還能夠閱讀報紙，當然，這是比較特殊的情形。閱讀報紙是相當重要的。其次，我們來看看手的狀態。

◆能夠抱孫子嗎？

這裡指的是抱幼兒期的孫子。若能「高高的」抱起就ＯＫ了。如果腳的支撐力不足，就會搖晃，這是十分危險的。

◆雙手的手指從拇指開始，能夠依序彎曲握拳

彎曲握拳後，能夠一一地展開手指頭。若手指能一一彎曲伸展，就能保持手的某種程度運動能力。伴隨年齡增長，必須練習讓兩隻手指頭一起動，或是突然握拳和伸展，做剪刀、石頭或布的猜拳動作。經常練習這一類手指的運動。

◆洗澡時，可以洗到背部嗎？

手臂或肩關節，是否能夠靈活的運動呢？年紀增加，關節的潤滑油會乾涸，周圍的肌肉也會變硬，即使用毛巾來洗背部，仍舊會覺得很困難，甚至還會有五十肩……。

◆可以順利地通過驗票處嗎？

對老年人而言，使用捷運的售票機器，的確有點困難。置票口太小，送票的速度又太快，這種爲上班族及學生而作的設計，對年長者而言，具有一些行動上的障礙。如果能夠掌握這種速度，便可加以改善了。

◆是否會用卡片打電話或提款？

搞什麼嘛？有人會生氣。不過，請你容忍一下。因爲這是比較細微的動作，年輕的你，可能很容易就可以完成，但對年紀較大的人來說，可能就無法做到了。做不到沒關係，只要多練習幾次，一定有所改善。

如果太胖……

高齡者的死亡病因以腦部疾病和心臟病居首位。肥胖者的發病率會急遽提高。他們的血液中含有大量的脂肪，附著在血管壁時，會使血壓升高，導致動脈的硬化，而容易出現腦或心臟及循環器官的疾病。

死亡之前，心臟部位會出現暫時性的劇痛，如果沒有任何後遺症就死去，那還好（也有人說不好）；如果出現腦障礙，沒有死卻臥病不起，成爲植物人，會給周圍的人帶來莫大的困擾。這和我們所說的，退休後要健康生活的主題背道而馳。

肥胖的人最典型會出現的疾病是糖尿病，最近，根據研究結果發現，這和遺傳有關。肥胖，主要是暴飲暴食所造成的。糖尿病會導致身體喪失抵抗力，容易感染疾病，嚴重者，甚至會失明。這是中老年人最容易得到的疾病，必須要留意。

除了內臟疾病之外，體重也會導致腳和腰的疼痛。由於無法抗拒美食的誘惑，再加上酒的魅力，數十年來，我因肥胖而感到苦惱。

有這種煩惱的人，相當在意體重的變化。膝蓋疼痛時，就可以知道體重增加了。上下樓梯，膝蓋疼痛會加劇，另外，腰痛也會增強。

胖的人會說：「太瘦，沒有競爭力，還是胖的人比較強。」正是所謂的同病相憐。

體重過重，會產生很多的困擾。萬一要接受別人的照顧時，胖的人在照顧上比較困難。如果不是專業的人，還眞不容易爲他翻身，即使是專業的護士，也很辛苦。

體重過重，洗澡相當不便。如果因此而得到褥瘡，更難得到仔細的照顧了。

體重的控制被視爲是預防成人病的口號，不只是針對成人病的對策而已，也是到死之前的一個課題。

瘦就是美……

近來，流行「瘦就是美」的說法。事實上，並非一定如此。賽尙、雷諾瓦所畫的女性，都是屬於豐滿型的；維拉斯凱宗教性畫作中的女性也是。典型的美人是維納斯和蒙娜麗莎，她們都是有著三層腹的豐滿女性。可是，不知何時開始，瘦就變成一種審美風潮。

飽食時代前，胖是一種富貴的象徵。富態的紳士、豐滿的美女、圓圓滾滾的小孩，都是讚賞人的話語。瘦身被視為是一種美德，是否是受到英語圈文化的影響呢？例如，電影「飄」中的郝斯嘉，穿著緊身內衣；法國革命時，被處死於斷頭台的瑪麗皇后，也是穿著束腰內衣。

模特兒崔姬，更是瘦得無法形容。此時的潮流，好像認為愈瘦愈好，和前述的人形成對比，較不容易罹患成人病。而且，在看護時，也比較輕鬆。但是，亦有其缺點存在。感染疾病時，較不容易治癒，體力會立刻衰減，沒有精力，缺乏抵抗力等等。我有一個朋友，相當清瘦，和他一起行動時，只要稍微耽誤了用餐時間，他就顯出一臉痛苦的表情。如果是我，一、二餐沒吃，頂多只是餓餓肚子罷了，片刻即可恢復。可是，我這個朋友，行動力驟減，其清瘦是不可取的。

此外，瘦的人往往較缺乏肌肉，沒有力量，稍微提一下重物，就會疲憊不堪。當然，從年輕時候就開始鍛鍊身體的人例外。一般而言，瘦的人確實缺乏力量。

一些瘦的女性或老年人，上火車時，如果要將行李放到座位上的架子，是非常辛苦的。不僅身高較矮，而且臂力不夠。腳伸直時，又無法維持身體的平衡，可見其肌力不足。因礦物質不足而產生骨質疏鬆症等的例子並不少。胖的人容易得到成人病，瘦的人也不見得健康，要力求適度。尤其如果沒有肌肉，怎能照顧你的配偶呢？

無法入睡，令人困擾

在我年輕的時候，有前輩睡眼惺忪地對我說：「我沒有睡好。」我心想：「怎麼可能嘛！」當時，我吃得好、睡得好；可以玩，可以睡，一旦入睡，便一覺到天亮，即使睡了好幾個小時，還是覺得很想睡。

現在，我已經將近六十歲了。逐漸地難以入眠，早上五點鐘不到就醒了過來；半夜三點鐘起來上廁所之後，就睡不著了，數羊根本就沒效。想到「會妨礙明天的工作」，就越想努力睡著，可是，越想睡就越睡不著。相信大家也曾有過這樣的經驗吧！

另外，喝太多酒，也會睡不著。酒精的確可以使神經休息，讓人比較容易入睡，但是，必須適量。有很多人飲酒過度，趴在酒店的櫃檯上便睡著了，或在火車上，一直睡到終點站。可是，爲什麼有人說，酒會妨礙睡眠呢？

其理論實在太複雜了。酒精只要超過一定的量（有個別差異），反而會刺激神經，使人興奮，僅僅讓人暫時醉倒睡著，並非眞的一直睡下去。喝完酒，覺得口乾而喝水，醒酒後，完全無法回想起酒醉後所發生的一切事情，即使拼命地想，也是徒勞無功，因而焦慮地輾轉難眠。酒精會使人勉強地想要回憶發生過的事，不過，酒醉時，頭腦昏昏沈沈的，怎能辦到。

現在，我已經退休了。一睁開眼睛，就可以馬上下床。看書、打電腦、看電視，尤其夜半時分，有趣的電視節目還眞不少。數十分鐘後，眼瞼逐漸沈重，慢慢地入睡。睡不著的時候，服用微量的安眠劑，即可入睡。

另外，有醫生認爲，看書、打電腦，無益於睡眠，反而會造成神經的興奮。總之，睡眠實在是難以處理的事。

如果隔天的工作量不大，沒有壓力，就不會睡不著了。建議各位，在就寢之前，泡泡熱水澡，喝杯溫牛奶，聽一下輕鬆的音樂等等，不過，若無一點壓力，也會睡不著，實在是難以拿捏。如果眞的睡不著，乾脆放棄一切的努力，躺在床上，不知不覺便會睡覺了。

容易氣喘

稍微爬坡，就氣喘如牛。年輕時，當然不會這樣，但到了中老年，稍微運動一下，便覺氣喘咻咻了。在我進入中老年之前，因爲身體肥胖，工作時，容易流汗與氣喘。

我曾經聽說過，做事做到有點喘的程度，是一件好事，可是，實際上，這是脂肪壓迫到心臟而造成的。或許，你會問，爲什麼不讓自己瘦一點呢？但是，減肥並不如想像中的容易。

有一次，我終於下定決心，想要減肥。我採用漢方藥和飲食療法。半年內，減輕了十五公斤。其實，我之所以能夠貫徹始終，是因爲想到花了一大筆藥錢，覺得不能白浪費，所以才能成功。

體重雖然減輕了，可是，自覺症狀卻逐漸加重。很明顯的，喪失了力量。連走路都很辛苦，尤其爬樓梯，更是氣喘如牛。走車站的階梯時，必須趴著樓梯的欄杆，才能夠爬得上來。這就是瘦身節食的結果。

於是，就又恢復了以往的飲食習慣，三個月後，恢復到了原來的體重，甚至比節食之前更重，亦即所謂的「反彈現象」。

節食失敗，九年前又生病，伴隨年歲增長，更加地氣喘如牛。走在稍陡的路上，立刻氣喘如牛，若再做較激烈的運動，便開始覺得呼吸困難。

大約二年前開始，我會固定在家周圍散步十五分鐘，再逐漸增加時間疾走。現在，即使疾走一個小時，也能臉不紅、氣不喘了。

雖然爬坡還是會覺得氣喘，不過，只要停下來，很快的呼吸就會恢復正常的狀態了。以前，必須坐下來一會兒，呼吸才能逐漸緩和，現在，短時間內，馬上就能恢復了。既然有了如此的精力，爲什麼還會喘呢？如今，我已能理解，這是肺活量低落所導致的。年輕時，肺活量尚能達到四七、八〇〇，現在已經減了三五〇〇，喪失十六％的機能了。應該是心肌梗塞所產生的後遺症吧！

當我發現自己出現了氣喘的現象，我就開始不斷地鍛鍊自己。目前恢復的情況良好，可以不必擔心。散步是一種能夠強化心肺機能的運動，諸君務必嘗試進行。

何謂適度的運動？

本章之始，提到了「適量、適度」的名詞。究竟「適度」的運動是指什麼呢？

醫生經常告訴病人，要做適度的運動，即「脈搏跳動比平時增加五十％，一分鐘一二〇左右，稍微發汗程度的運動量」。

平日運動時，當然不可能去測量脈搏，因此，平常就要了解自己「適度」運動的狀態是如何？我以自己走路時的情形，進行測量。

剛開始走路走三十分鐘，再走二十公尺的上坡路，即已發汗。我知道，這就是「適度」運動的狀態。「脈搏比平常增加五十%，亦即一分鐘一二〇下」。其後，我又開始摸索其它運動的「適度」狀態。

打乒乓球時，要慢慢地打十分鐘左右。滑雪時，如果一直採用滑降蹲姿，便會逐漸開始出汗，不過，次日，全身的肌肉會痠痛不已。到底這算不算所謂適度的運動呢？札幌醫院的醫生對我說：「並木先生，你務必要去滑雪。」因此，我想，滑雪應該是一種相當好的運動吧！

打保齡球時，通常是數個人使用一組球道。依照平常的狀況，是不會出汗的。但是，如果一個人使用一個球道打四局，出汗則是難免的。打高爾夫球就像在玩一般，晴空下，踏在綠色的地毯上走路，就出汗而言，毫無可取之處。

為什麼要有適度的運動呢？每個醫生的說法不一。可是，這對健康的維持，是非常有幫助的。

不論是人或動物，活動是生存的條件之一。有一種飼養雞布諾依拉（Broiler），如果人們要食用其較嫩的肉，就把它關在雞舍中，不讓它動，只是餵牠吃，讓牠長胖。若將牠放在原野上，牠會一動也不動的。不過，當布諾依拉還是小雞時，可以把牠放在較寬廣的地方飼養，牠會十分活潑、好動，畢竟，有充分活動的雞比養在雞舍裡的要來得長命。

從生物的觀點來看，我們人類不就和這種布諾依拉飼養雞一樣了嗎？總是要能夠持續運動，才能過著健康的生活，不是嗎？

香菸會造成何種影響呢？

心臟不好、肺癌，這是在抽菸之前，早已出現的警告。即使再深入研究煙草，也很難確切知道它對人類健康究竟造成了何種不良的影響。

在這之中，有些研究學說發表，煙草對毛髮會產生不良的影響，令人十分驚訝。其所持的理由是，吸菸會導致血管收縮，使頭皮內的微血管血液循環不良，因此，無法取得毛根的營養，妨礙了毛髮的發育，引起脫髮的現象，自然頭髮變得稀疏多了。這時候，必須正視抽菸所帶來的負面影響。如果不希望日後禿頭，那麼，就拒絕吸菸。

香菸會對循環器官系統造成不良的影響。有一位心臟專門醫師說：「吸一口煙草，

猶如女性被強暴，會造成心臟的壓力。」其實，不只是心臟，對腦部也一樣會產生危害。

血管的收縮，當然會影響到腦部的動脈。當其血液循環不佳時，可能會導致痴呆。在我還擔任新聞記者時，一位五十八歲的女性讀者寫信向我抗議：「我的公公已經九十二歲、先生六十四歲，他們倆都抽菸，卻沒有痴呆。請不要作這種奇怪的報導。」

其實，這種病理性的個別差異，每個人都會。上述的兩個人，情況比較特殊，沒有產生痴呆的現象。可是，一般的情形的確如我所說的。

生活在二手煙中的女性，可能會因此而出現痴呆的現象，這是普遍的傾向。那位女性的尊翁和先生，雖然沒有痴呆，卻很可能會喪失判斷能力。

我也曾經是個老煙槍。抽菸二十年來，曾有一天抽八十根煙的程度，可說是重量級的抽煙者。後來，心肌梗塞發作。我問我的醫生「如果我繼續抽煙，結果會如何呢？」醫生直率的回答：「會死掉吧！」

抽菸會導致嗅覺衰退，味覺遲鈍。我有過抽菸時期和非抽菸時期的經驗。所以，能確實知道兩者之間的差異。我一點都不相信抽菸的人所做出的料理。當我還是記者時，我發現他們做的料理，味道特別重；如果不增加調味料的量，他們無法感覺到。

立刻停止抽煙

菸，不只會導致腦部疾病，也會引發心臟病，使人禿頭，並且，影響味覺。除此之外，菸的壞處還有很多。

其中之一，即是會引起骨質疏鬆症，尤其影響荷爾蒙甚鉅。雖說女性較易罹患此種疾病，但是，男性也疏忽不得。

抽菸時，血液中會有尼古丁；排出時，血液中的鈣質會一起流失掉，呈現疏鬆狀，亦即骨質疏鬆症。不只如此，如果骨骼中的鈣質流失過多，血壓會升高；血壓升高，血管自然會收縮，導致血壓又升得更高，最後，可能會因爲高血壓而上天國。

此外，抽菸會破壞體內大量的維他命C。衆所周知，維他命C能夠預防感冒，可以使肌膚變得更漂亮。缺乏維他命C會引起壞血病或其它病症。過去，長期乘船的人，會大量攝取蔬菜和新鮮水果，因爲他們都知道維他命C的重要性。

再者，癌症（不只是肺癌）的發生率也會受到莫大的影響。我抽菸已經有二十年的光陰了，後來，一天要抽上八十根菸，是重量的吸菸者。在家中，伸手就是要找火柴，不論是在廁所、玄關、廚房……等等，都是如此。和醫生談起我抽菸的經過，他告訴我：「這樣會使癌細胞開始萌芽。今後，爲了要避免癌細胞的產生，最好要注意飲食和生活習慣。」

就一般的標準來看，抽菸十五年就會萌生癌細胞，二十年其活動就開始了。有人抽菸，吸二手菸的人也會遭殃。例如先生抽菸，則經年陪伴在側的太太，也可能會因爲吸進二手菸，而導致癌症。醫生告訴我，我抽菸的總數和時間，「已經使癌細胞開始活動」。

另外，也會促發糖尿病和痛風。自己抽菸而引發疾病，或許自己無所謂，可是，萬一導致老人痴呆時，會給周圍的人帶來困擾。尤其如果身邊的太太得到癌症時，那麼先生會覺得自己好像是兇手一樣，因爲「自己已經抽菸抽那麼久了」。其實，如果立刻戒菸，則促進疾病的原因就會中斷，腦血管的血液流量可立即恢復。只要戒菸，效果即可產生。

要喝多少酒呢？

有句話說：「酒是百藥之長。」可是，要「適量」。根據醫生的說法，所謂適量是指「啤酒一大瓶、清酒一壺（一八〇mℓ）、威士忌加水一杯」。不過，也有醫生說，適量是「清酒半壺（九〇mℓ）」。

我年輕的時候，酒量很好。在家中，可以一邊看電視，一邊喝掉二瓶威士忌。二十五歲時，達到高峰。隨著年齡增長，酒量逐漸減少。一直到五十歲，一瓶威士忌要喝上五天。

醫生說：「喝一點酒也不錯。」這話讓我更想喝酒。四年前，我喝酒的習性改變了，不再喝加水的威士忌，改喝清酒、葡萄酒和純威士忌。

清酒一壺剛好是適量。酌量喝酒，會覺得氣氛相當好，而且，比較有元氣，喜歡說話，也會覺得料理十分美味可口。以前，我總會說：「爲了吃起來更可口，所以配酒。」但是，到酒店喝酒時，常會挨故友古今亭馬生先生的責罵：「這裡是酒店，又不是餐廳。怎麼可以這樣？」現在，我擁有最理想的喝酒習慣。

回想起來，過去的我很喜歡喝酒。只要看到好酒，再多也喝得精光。可是，馬上就會產生現世報的「效果」，即宿醉的現象。有人會誇獎說：「並木先生，你的酒量眞好。」於是，我就喝個不停。可是，隔天，酒精仍殘留在體內，導致身體的不適感。尤其當年齡愈增長，酒精發散的速度就會愈慢。即使泡澡也無法恢復元氣，宿醉是常有的事。

爲什麼會如此呢？當你感覺不舒服時，就會想起是「飲酒過多」的緣故。因此，自然會想要了解，喝到什麼樣的程度，才會覺得舒適，不會難過？最後的結論是：「平均一天一壺最好」。喝酒時，若要減量，的確有其困難存在。此時，一邊喝，就要一邊注意。大約喝上三壺，第二天就不要喝了，避免酒精積存在體內。

如果能採取這種適量的喝法，就不會發胖了。

不要談疾病

「早上起來時，突然覺得胸部旁邊怪怪的。胸部的肌肉就像腳抽筋一樣，逐漸開始感覺疼痛。當新聞記者，有個討厭的毛病，就是時間觀念很正確。早上七點零五分，一九八七年三月十一日……。」

我發生了心肌梗塞的狀況。當別人問及此事時，我會口若懸河的告訴他。現在，事情發生已經過了九年。追述這些事時，難免會有些許的出入。

這是我本身經歷過，攸關生死的大病。當時的始末，我仍記得非常清楚。即使別人沒有問起，我也會主動告訴他，關於疾病的預防，到發病時的對策，及痊癒後所要注意的情形等等。

有位老人院的醫生說，得到這種疾病，如果仍要「自傲」地生活，可能有點困難。這是非常不易治癒的疾病，即使治癒了，也會留下後遺症。現在再重提往事，彷彿又回到發病時的情境，在心理上，會產生一種沈重感，造成心理的負擔，因此，這種作法並不可取。

在談及生病的往事時，猶如躺在病床上，陷入憂鬱中。退休後，如果不能瞻望未來，一味地回想往事，很容易產生痴呆的現象。所以，談疾病是一大禁忌。

一般而言，老人會覺得孤獨，任何人都一樣。如果知道對方和你得到相同的疾病時，你可能會非常得意地告訴對方：「我告訴你……。」一副什麼都知道的樣子。這種態度會招致別人的批判，使自己被孤立。其實，最好是面對未來，說一些開朗的話。

回想起來，果眞如此。當我談起心肌梗塞時，別人會談糖尿病，甚至談痛風。我想要聽一聽，當作中老年時發病的參考。可是，每個人的症狀都會有微妙的差異，如此一來，反而會造成自己的困擾。

曾經有過這樣的例子。有人胸部、背部疼痛，當我問他，這種痛是何種感覺時，他回答：「大概是心肌梗塞的疼痛吧！」可是，在檢查過後，他卻是罹患膽結石。生病時，每個人的疼痛時不一樣的。

第2章

和家人一起生活

你是否想過，退休後的二十年，要和家人一起度過。退休後，只和妻小一起度日，和附近鄰居交往，不再回到工作崗位。你是否想過，如何度過這段時光，其生活方式和生存意義呢？

想像過和妻子二人生活的情形嗎？

剛退休辭職時，會非常忙碌。以我的情形而言，我的朋友爲慶祝我退休，每隔一天，就會邀我出去聚會。除此之外，因爲社會保險的手續，幾乎曾經工作過的公司，都派人前來。再加上銀行的一些登記和健康保險，是否要繼續，都必須更換。不只是要去一個地方，而是好幾個地方，實在是很麻煩。

以前是在公司的診療所接受定期檢查和領藥，現在，則必須改成到住處附近的醫院就診。在此之前，要先了解附近的哪一家醫院比較好，再拿診療所的介紹函，前往就診。另外，還要辦理失業保險的手續。有許多瑣瑣碎碎的事，幾乎每天都要出門。經過這段忙碌的時間，終於可以在家好好休息了。

從這時候開始，就是和妻子二人的生活了。每天盯著電視，看廣告，或者談談老人之家的報導。想一想，如果沒有報紙或廣告，夫妻二人一定會相對無語吧！

人類是群居的動物。群居生活，對話是日常生活的潤滑油，也是一種樂趣。如果沒有這種樂趣存在，生活猶如在沙漠中一般。

經常聽人說：「由於二人長期生活在一起，已經培養出了默契。」可是，我想問：「那麼，你知道你太太的想法嗎？」

請想一想，和妻子二人的生活。早上起來，晚上睡覺。在此之前，白天去上班，現在已經不需要了。如果你穿著睡衣，坐在飯桌前，你的太太會有什麼樣的感覺？她會不會認爲你是多餘的存在？一直坐在角落看報紙，況且看好久。

沒辦法，只好去散散步囉！想到散步，卻又不知道要穿什麼才好。因爲所有的衣服，都是上班穿的西裝或時髦的高爾夫球裝，再來，就只剩下睡衣了，幾乎沒有外出服。想到這裡，又一屁股坐了下來。

太太要去購物，雖然想跟去，可是，沒有適合的衣服可穿。結果，還是作罷！看著太太出門，總覺得她的視線非常冷。這種生活實在令人厭惡。本書最大的主題，就是要避免過這種生活。

也許太太希望獨自生活

或許，你會認爲退休之後，終於可以擁有屬於個人的時間，能夠悠閒地做一些自己感興趣的事情，而且，此時所有人的前提都是「和妻子一起生活」。但是，這可能是你一廂情願的想法。太太可能會想，「我想要一個人悠閒地生活。長期以來，總是在照顧先生，現在他已經退休了，我也想要擁有自我。」

曾經好幾次採訪家庭治療的團體（專門解決女性煩惱的民間團體），經常接到的投訴是「先生退休了，我想要獨自生活」。

一對夫妻離婚後，配偶欄上被畫上×。此時，處於尷尬地位的男性，會馬上開始找對象；女性則不會急著再婚，反而會開始努力工作，生活過得多彩多姿，這種人相當多。

隨著年紀增長，配偶可能會過世，男性會陷入極大的震驚，無法張羅自己的生活，這種案例非常多；女性則會變得喜歡外出，開始尋找自己的興趣來過生活，彷彿重獲青春，生活十分充實。例如，成爲未亡人的老太太，她們的身體都很健康。

當我詢問家庭治療的醫生們時，他們告訴我：「女性只要能夠解決經濟上的問題，就可以獨自過活。因爲善於購物，所以，只要解決經濟上的難題，並不會有很大的困難。而且，平常不像男人要喝酒，至多只是和附近的朋友聚一聚罷了。因此，即使先生過世，孩子都長大了，也能過得很好。」

至於男性，「如果沒有太太，眞不知該如何是好」。實際上，他們都不知道應該要如何張羅自己的生活。

電視劇中，可以看到描述太太離家以後，先生不知道褲子放在哪裡的樣子。或許，你會想，現在會有這種男性嗎？

事實上，的確有很多。出門上班時，領帶是太太幫忙打的，還幫忙拿車票、手帕，這樣出去工作的男性並不少。

據說，有這種太太的男性們，會讓人覺得嫉妒。可是，一旦妻子不在時，這些先生們就無法正常過日常生活了。他們的一生，如同活在太太的懷抱中。

如果太太要旅行，會想和朋友同行

有一次，我在街道上突然遇見比我早三年退休的朋友。他正好和他的太太在那兒閒逛，看起來非常悠閒而帥氣。退休後，他們夫妻二人一塊兒坐船，環繞世界一週，眞讓人羨慕。由於他是在一家外國公司上班，所以，他的退休金有我的六、七倍。因此，可以參加豪華的旅遊。

因爲他在外國公司工作，他的太太因此經常陪伴他外出旅行。旅行時，都是先生陪伴護送。

我想，很少有人像他們一樣，有機會參加這種令人稱羨的旅行。某日，我在機場看到五十歲左右的男性，雙手插在口袋中，一邊叫嚷著：「爲什麼要帶那麼多東西？」後面尾隨的太太，推著放置四箱行李的推車；旁邊是兩個高中男孩。一家四口出遊。那位男性指著堆放行李的車子怒罵；女性則默默地推著車，跟在後面。

我想：「咦？這傢伙雙手空空的，他是不是想讓他的太太一個人拿四個行李呢？」三個大男人，讓一個女性替他們搬運行李，眞是奇怪！也許這名男性是在責罵二個孩子，可是，卻覺得由太太搬運行李是應該的。如果持續發生這樣的狀況，你想，太太還會想和先生一起去旅行嗎？在一些休閒遊樂的地方，不分季節，都十分熱鬧，可是，大半都是女性團體，再不然就是孩子都已經長大的中老年人的團體。男性是無法擠進她們的行列中的。

男性在退休後，確實是想要給妻子一趟慰勞旅行。看到這些團體旅行歡樂的樣子，我認爲這種慰勞旅行，一定不是想像中的慰勞吧！大概會像我在機場時所看到的那個家族的狀態……。

有一位太太說：「如果旅行時，還要每天幫先生準備手帕、內衣褲，我不想和他去。如果他告訴我，哪一天到哪一天，要到哪裡去，妳負責訂旅館。那麼，這究竟是爲誰所準備的旅行呢？所以，我連問都不想問。」當然，不是世界上所有的男性都這樣。但是，請想一想，你平時的言行舉止是不是如此？或許，你就是這樣的一個人。

太太也想要退休

有一位敎師A女士，說她也想要退休。我們一起出席講習會，歸途中，好幾個人在一家咖啡廳一起喝茶，她這麼說。當時，我毫不考慮地問道：「爲什麼呢？」她說，她的母親和姊姊都是老師，而且，都已經退休了，因此，她也想退休。

我覺得有點奇怪，於是，再繼續追問原因。她說，她的先生也是一個教師，但一切家事都是由她來做的。回到家，已經非常疲倦了，可是，她的先生卻兀自在房間抽菸，或是和孩子玩、看電視。或者問道：「飯還沒有好嗎？」完全不幫忙做事。

相同年齡層的夫妻，收入相當，工作量卻不一樣。回到家中，忙著做家務的，只有妻子而已，因此，她會想要退休。

當時，我想，這只是別人家的事，沒有再深入地思考。不過，我認爲「這對夫妻大概維持不久」。

其實，不只是職業婦女，很多家庭主婦也會「想要退休」。先生上班時，會認爲自己是個工作者的夥伴。幫他選領帶，準備手帕、手紙，甚至幫你擦鞋子。等到他退休後，再也不想做這些事情了。她會想，要我一個人做家事，我已經沒有那麼多的體力了，「我也應該要退休比較好。」只要能夠打點生活費，離婚也不錯，而有這樣的想法。

我認爲以上的二個例子，並不是特殊的例子。雖然她們都沒有說出口，可是，這種想法會逐漸在心中擴大。

當然，有些男性「是一家之主」，有些女性也會說：「不了解先生的辛苦，就喪失了主婦的資格」。如果當事人這麼想，那麼，旁人就沒有什麼好置喙了。丈夫在退休時，也必須讓太太體驗一下解放感（有些人認爲，退休是悲慘而寂寞的。不過，多多少少也會有一種解放感）。

有些女性會認爲，主婦怎麼需要退休呢？因爲有些太太很喜歡照顧先生，這是她的興趣。不過，當照顧先生不再是義務時，就是退休了。可是，如果把照顧先生視爲一種興趣，就會產生一種解放感了。

有些妻子認為，性生活是「被強暴」

當妻子厭惡先生時，就會有這種感覺。對女性而言，這是非常可怕的經驗。

在家庭諮商的機構中，曾經接受過這類的投訴。其內容如下：

先生退休之後，每天都在家。以前，他還在工作時，我幾乎都是一個人自由地活動，雖如此，可是，我並沒有偷懶，也沒有溜出去玩，只是過著普通家庭主婦的生活。

孩子已經獨立自主了，白天就只剩下我一個人。半夜，先生回來，就一起談些話。每天就過著這樣的家庭生活。

先生尙未退休前，每天早出晚歸，二個人甚少有談話的機會。二張床並排著睡，夫妻共同生活二十年以上，少有溝通。可是，很不可思議地，先生退休後的某日，夜裡把我叫起來，要和我行床第之事。

當時我並未回絕，還覺得他精力旺盛呢！這時，才突然想到，「這二十年來，他在性方面的需求，都是怎麼處理的呢？」先生每天很晚才回來，當時也有些疑問，到了現在，一股腦兒全湧現出來。結束之後，覺得自己被髒東西玷污了，於是，跑到浴室，用力地搓洗身體。

自此，感覺非常厭惡，被觸摸到的部位，都會想要搓洗乾淨。自己也覺得這種行爲有點異常，一直到現在爲止，到了晚上仍會害怕。即使白天和先生相處，都會覺得受到侵襲，不知道什麼時候會被他強暴。

這類的申訴案件有數起。這種潛藏在夫妻之間的性關係，演變至太太覺得受到先生的「強暴」。

這樣的情形是可以預想的。

也許男性們會說：「不可能，如果想要，可以到外面去找那些更有趣、更年輕的。」不過，請等一等，錢呢？是否有那種體力或精力呢？

退休後，性的問題是非常重要的。不論男女，都不可以輕視夫妻之間的性生活。這是一種直接的行爲。爲了避免對性的感覺呆滯，以及爲了維持健康的生活關係，必須要正視這個問題。

國人一般不願意公開談性，可是，這確實是有必要進行檢討的，這是夫妻相處的一個問題。

連電視也不想和他一起看

家庭諮商機構的工作人員還對我說：「妻子也不想和丈夫一起看電視。」我聽了非常驚訝。反省自己，是否也如此呢？

男性在看電視時，會表現出其姿態。

「他們看電視，都要作詮釋。即使是看連續劇，也會解釋說，這不是事實，作各種的批判和解釋。甚至連聽新聞時，也會自我詮釋……。和他一起看電視的妻子，簡直耳根不得清淨。」

想一想，我也經常作這種「解說」。我本來是個新聞記者，所以，對於新聞報導會有特別敏感的反應，而加以詮釋、解說。這令我太太感到厭煩。

由於長年來的工作，當家人打斷自己的談話時，就會產生「唯我獨尊的存在」，漠視家人的感情，漸漸地日常的對話就更少了。夫妻之間就不會想一起看電視了。生活變得無言，就是因爲對於電視多餘的解說所致。想到自己的笨拙，眞的很悲哀。

因爲缺乏會話能力，導致在看電視時，出現溝通失敗的狀況。此時，更要積極和妻子談話，陪她一起去購物。即使是日常生活的會話也無妨。慢慢地恢復夫妻之間的交談。

甚至回到家後，還可以製造各種話題。在心情平靜的感覺下過日子。看電視時不多作解釋，擁有二個人獨處的時間。

退休後會離婚，大多是因爲夫妻間缺乏溝通，或是先生非常自私，只顧自己的方便所致。如果能夠在日常生活方面改變自己的看法，就能夠使夫妻之間，產生更加深刻的感情。退休後，夫妻倆若想要再健康地生活二十年，就必須把一部分的時間花在太太身上，不妨試著這麼做。

或許你會認爲這樣很做作，但是，不妨試著由自己先開口，和太太討論報紙的運動欄或影劇版，甚至是政治、社會問題，慢慢地恢復兩人之間的談話。

令人討厭的三語族

只會說「洗澡、吃飯、睡覺」這三句話的人，被稱作「三語族」。大多數的男性，從公司回來以後，變成了一種特殊的人。太太和他說話，他不作任何回應，只是一味地點頭，讓說話的人覺得寂寞而無趣。

可能有人會說：「男人應該要沈默」、「沈默是金」。可是，爲什麼日本的男性在家中不說話，在酒店卻高聲閒聊？

我也深思熟慮了一番。古代社會是採取父長制度，父親是絕對的權力者。對於一般的事物，不能夠輕易下結論；說出來的結論，則一定要被遵行。作戰時，面臨族人的生死關頭，必須要作慎重的判斷，作出絕對的結論方行。戰爭時，必須立刻有所裁奪，以應付危急的情勢。這一切均需顧及周圍的狀況，及察看關係者的意向，才能作出良好的判斷。

此時，男性最好不要喋喋不休。父長時代消失後，進入情報時代的現代，沈默再也不是金了。

只和妻子一起生活的二人家庭，要考慮的只有兩個人而已。這個時代，已經到了要靠彼此交談來決定事情的時候了。一旦沈默，對方就無法猜到你的意思。

早上起來，坐在已經備有早餐的餐桌前，默默地邊看報紙邊用餐，到底好不好吃都不吭一聲。打上由太太備妥的領帶，讓她爲自己套上西裝，走到玄關。太太將手帕交給先生，送她出門。回來時，只有三句話。太太不禁會產生「我的人生意義何在？」的疑問。如果疑問一日深過一日，她很可能就會提出離婚的要求，或者分居，甚至是離家出走。

現在男性不可表現出一副唯我獨尊的架勢，只知道點頭是不行的。在公司激動地辯論，收集到了情報，也不能夠沈默不語。在日常的社會生活中，不能夠一味保持沈默。如果不能適應，就不能過著圓滿的生活。

你是土地公嗎？

我在退休的前一年，參加了諮商課程。心想，退休後，如果什麼事都不做，會覺得很無聊。這也是我想要學習的理由之一。因爲我害怕和人之間斷絕了溝通。

在講習中，有一項扮演「土地公」的演練。在不滿五分鐘的時間內，一方不斷地說話，而另一方卻不可以有任何反應，不能出聲，也不能夠有任何表情，只是盯著對方的眼睛看。

一直和某個人講話，他卻沒有反應，這是一種很寂寞的感覺。逐漸地心生畏懼。甚至會有「我這樣說好嗎？」的不安，最後開始感到生氣。一直看著一雙毫無感情的眼睛，會讓人抓狂。

另一個演練則是，一方趴在桌上，另一方對他說話。趴在桌上的人，沒有看到正在說話的人，對著此人講話，卻沒有得到任何回應。講話者所感受到的情緒，也會和前者相同。

從講習的科目中，可以了解到，在短短的時間內，可產生各種複雜的感情，恐慌、不安、憤怒等，都是不快樂的感覺。在日常生活中，碰到這種「土地公」，情緒的起伏會更大，傷害自然也就更大了。

你在家中，是不是那尊「土地公」呢？即使太太再怎麼問你，也不回答。甚至有時還會漠視。如果太太提出比較複雜的問題，乾脆回一句「妳看著辦」。或許太太也體驗到了害怕、不安、憤怒的感覺。如果你覺得自己在家中「什麼也不說」，很可能你太太已經放棄了。

可能你會問我：「那麼，你會怎麼辦呢？」我只會回答：「我會反省。」不好的地方就改進。

在家中，只要稍微注意一下，就會發現妻子發出各種的訊號。有時，她會若無其事地問問題，你要敏感地抓住她問題的重點來回答。很多先生在面對太太時，總是不是大事就不應答。「至於哪些事情是大事，做了這麼久的夫妻，難道妳還不知道嗎？」如果先生是採取這種說話方式，那麼，妻子的積怨會更深，甚至無法用言語表達出來。

你會不會主動和妻子說話呢？

即使先生能夠敏感地接收，並反應妻子所提出的問題，也不見得足以使家庭快樂，擁有美滿的生活。最重要的是，自己要能夠主動地和對方談話，製造共通的話題。

不要認為這是很麻煩的事。也許你是第一次這麼做，可是，只要應用你長年以來的生活經驗就可以了。

為了要圓滑地處理公司方面的人際關係，不論是對上司、同事，或是對後輩的待人處事，都是相當重要的。自己要能夠主動和別人交談，並且努力製造共通的話題。

如果不能做到這一點，在公司裡就會被孤立。

可能有人會說：「我在公司裡是主管，所以不需要在意部屬。要我主動找話題和他聊，門兒都沒有。」可是，既然是主管，在向上爬升的過程中，就必須經常主動地找話題來和前輩、上司聊。因此，只要是曾經工作過的人，都能靈巧地運用人際關係。

例如，繼承父母事業的第二代社長，對於同業的前輩或客戶，甚至監督的官方人員等等，都會使盡渾身解數。換言之，必定具有這方面的經驗。

既然能夠在工作上靈巧地應用人際關係，又爲什麼不能夠用在自己所愛的妻子身上呢？做作！或許的確是，可是，釣魚若不使用魚餌，收穫怎會豐碩？同時，也有必要反省日常生活中的態度。

男人雖然也在意男性的美學，但這也只不過是對於在酒店或夜總會的虛飾世界之談話罷了。

請看看日常生活中周邊的一切，這是最現實的社會，也是無法改變的一切。請儘快地面對現實吧！

你一旦了解這現實的世界後，就可以了解到，當你受傷，悲傷的時候，眞正能夠安慰你的，只有你的太太。太太的安慰，能夠使心靈的創傷平復。

伴隨年齡的增長，男性會更加地關心現實的社會，而不知道何時會受到傷害。此時，能夠醫治你，使你痊癒的人，就是眞正關心你的人。

任何人都愛聽褒獎的話

諺語謂：「讚美能夠使豬爬樹。」意指稱讚人的話所產生的效力。人一旦受到讚賞，都會覺得很高興。那種心情就像是會爬樹的豬一樣。就像是幼稚園的小孩，畫完圖畫後，會拿給保母或媽媽看，如果受到褒獎，就樂得手足舞蹈。上班族在公司受到賞識，也會相當高興。另外，得到特別的年終獎金或賞金，其興奮之情，更多達別人的數倍。

受到褒獎是令人喜悅的事，你是否讚美過你的妻子呢？當你獲得這種喜悅時，你的妻子也會同樣感到高興。即使她並沒有得到那筆獎金，她也會爲你高興。

每天所享用的餐點，大半都是出自於太太親手所做的料理。享用料理時，有三大快樂，即吃的人的喜悅、作給他人吃的喜悅、爲他人而做的喜悅。

沒有一個人想在廚房中做不好吃的料理（也許會有，不過，那一定是非常討厭對方）給別人吃。

默默地吃太太用心做出來的料理是不夠的。有些人會說：「我家那口子不會做料理。也許她從來不曾在料理店用過餐，因爲我從來不帶她去餐廳吃飯。」如果先生從來不說東西好不好吃，太太就無從得知什麼才是美味的料理。因此，你說「我家那口子不會做料理」，責任在於你。

最重要的是，要能夠讚美太太所做的料理。這一招最簡單。「讚美妻子之道」是第一步。稱讚太太煮的飯很美味，雖然很好，不過，幾乎所有的人都是用飯鍋來煮飯，和手藝沒有多大的關係。「只要斟酌水量，就可以了。」味噌湯只是斟酌鹽的用量，炒蛋只是熟不熟而已……。

如果吃的是這些東西，請你說「好吃」。如果吃的是需要花點工夫來做的料理，請你說「哇！好好吃哦！」此時，你一定會見到太太臉上所浮現的笑容。

開始安慰妻子……

不知道你是否有過這樣的經驗。當你拖著疲憊的腳步，從公司回來，太太到門口來迎接，接過你的公事包，說：「辛苦了！」你會覺得所有的疲勞都消失了……。

可能有些人會反駁：「年輕的時候，她會這樣說。可是，現在我回到家，她頂多只是說，你回來了！」不過，至少你確實是有過這樣的經驗。此時，你才會明白，「辛苦了」是一句安慰的話語。

當太太對自己這麼說時，自己會非常快樂。可是，卻忘了用這句話來安慰太太。我的妻子是老人醫院的護士，有時候會輪值大夜班。慢慢的，年紀愈來愈大，大夜班的工作對她而言，著實辛苦。早上回到家，已經累得說不出話來，我卻從來不會慰問過她。

當我寫這本書時，從採訪中學習到夫妻之間微妙感情的處理方式，而了解到妻子體貼的心意。同時，也明白安慰妻子的話語是非常重要的。

某日早上，值大夜班的妻子下班回來，我十分柔和的對她說：「辛苦了！」結果，原本倦容滿面的妻子，突然變得臉色紅潤，看起來有元氣多了。那一天，我出門上班，一整天心情愉快。

安慰是群體生活中不可或缺的。不論在家庭中或工作場所，發現同伴臉色不佳時，會讓自己心情格外緊張。若能稍微表示關心，問道：「有沒有關係呢？」或是當遇到久未謀面的朋友，見他一臉疲倦，可以對他說：「小心不要工作過度哦！」如此一來，長年住在一起的妻子，從她的一顰一笑，自然可以了解她的心情。最好是能夠用言語來關心她。

了解到先生關心自己，在意自己，會讓妻子生活得更加有勁。正如前文所述，漠視生活在一起的同伴，是非常可悲的事。家庭是社會中最小的一個單位，如果家不成家，社會就更不必說了。

「己之所欲，亦施予人」，疲倦、悲傷、痛苦的時候，若有太太的安慰，可以減輕痛苦。妻子也一樣。在她痛苦的時候，先生如果能察覺其痛苦，適時給予安慰，便能緩和她的情緒，甚至彼此商量，想出解決之道。

我認為應該要幫忙做家事

君子遠庖廚的觀念，是不合時宜的。最近的年輕夫妻，已經沒有這種觀念了。「不論是丈夫或妻子，只要誰有空，誰就去做」。在我父親的那個年代，有的男性對料理非常有興趣，甚至還組成了「男性入廚之會」。做家事已經沒有男女之別了。

但是，也有一些人不喜歡做家事，甚至很多人是不會做。我們那個年代，已經有家政科這個科目。相信大家都已經上過這門課，也都不陌生。

家事指的是什麼呢？打掃、洗衣服、煮飯、做簡單的料理和燙衣服等等。最近，煮飯、洗衣服、打掃，都可以用機器代勞，只要懂得應用家電用品即可。比較麻煩的家務事，是料理的準備和用餐後的收拾和整理，及曬衣服等事。

有些夫妻會因爲家事而發生爭吵。但是，只要能夠稍微用點心，就會有更好的生活品質。整理廚房、打掃房間，太太在休息或沒有空時，先生卻一直在看報紙，或是坐在電視前，一動也不動的。

如果自己站在對方的立場，你覺得如何呢？相信不發怒也很難吧！此時，不論自己多麼疲倦，也一定要反覆地詢問：「需不需要我幫忙？」太太可能會回答：「嚇我一跳，害我差點把菜打翻。」若她有這樣的反應，想必在這之前，你從來沒做過家事，也很少待在家裡。

我要明確地告訴各位，以爲先生可以不必做家事的想法，已經落伍了。男主外，女主內的時代已經過去了。當孩子長大，到外面築巢，只剩下夫妻二個人時，就必須靠兩個人來守護家庭。

退休後，靠退休金和養老金過生活。男主外的模式無法成立。會做家事，就能產生自信。由於在外上班的經驗豐富，做家事應該也能駕輕就熟才對。最後，一定能夠完全自立，再也不必害怕發生退休離婚的事了。

是否能和孩子溝通呢

和妻子之間的關係，當然是最重要的。但是，退休後，和孩子們的相處也不可忽視。快要退休時，孩子已經可以獨立，步入社會就業，成爲一個社會人，能以冷靜的眼光來觀察父親的行動。如果因爲工作繁忙，忽略了和孩子之間的溝通和相處，此時會產生不良的後果。

你可能會認爲「在這時，才說這種話，已經太遲了，而且，也不知道孩子會怎麼想」。身爲男性，又是孩子的父親，可以在喝酒時，把握機會和孩子談一談工作及人生的話題，你覺得如何呢？

把孩子的教育完全交給妻子，從中小學的入學式、畢業典禮，甚至是母姊會，都不曾出席，孩子會認爲「父親太忙了，所以無法參加」。如此便會導致父子間太過疏離。若你的孩子就讀高中，不管多忙，也要積極參與學校家長會。和孩子接觸時，不要認爲自己已經退休了，孩子是上班族，而感到自卑。

不過，也不能抱著不可一世的態度。一般而言，孩子每天都跟在母親身旁，自然和母親比較親近。

據說在戰場上，瀕臨死亡的士兵，都會叫「媽媽」，鮮少有叫「爸爸」的。如果父親擺出高高在上的姿態，一定會引起孩子的反彈。隨著孩子年歲的增加，愈是受父親嚴厲的指責，反彈的情緒愈是高漲。甚至演變成父親被趕出家門的局面，所以要特別留意。

退休後，父親可以將自己工作的心得及經驗告訴孩子，在他們還是社會新鮮人時，你的關心會令他們分外受到感動。

不要二十四小時都在家

退休之後，很少有機會外出，大部分的時間都會待在家裡。這和退休前，除了假日之外，每天都出去的情形完全不同。這突然的改變會使心情不穩。上班時，早上起床雖然覺得痛苦，但是，上班時，就會忘掉了。

退休後，終日待在家中，心情抑鬱難伸。如果天氣好，還可以在家中附近散步。想到這兒，卻又想起沒有外出服可穿，覺得麻煩而乾脆作罷。

若是如此，身體的狀況也會隨之改變，疲勞感增加，自己也不禁懷疑，是不是生病了？終日心情不佳，感到焦慮不安，把這種情緒發洩在同住的妻子身上。她一旦發覺先生終日待在家中，不知怎麼地，也開始變得焦躁不安。

於是，開始互相挑剔對方，演變成先生一大早就喝起酒來。太太往好的方面解釋，是說：「因爲沒有上班，生活沒有意義，所以……。」其實，這是家庭崩潰所致，也是酒精中毒的開始。

毫無目的的整天待在家裡，會增加高齡離婚或退休酒精中毒的危險性。這對太太而言，並非好事。

有位家庭主婦抱怨道：「先生上班的時候，我還有某種程度的自由時間。自從他退休之後，一整天都待在家裡。我可以說是一點樂趣都沒有。」

上班的時候，太太會不滿地責問：「假日時，也要出去嗎？」或是：「又要去打高爾夫球？」現在，每天都在家裡惹太太嫌。這樣的妻子實在太自私了。

這時候的對策，就是要經常出去。平時要先想好說詞，如果採「我要打高爾夫球」，或「我是柏青哥族」的說詞，還是會導致家庭崩潰。

此時，周圍的人和妻子都會投以白眼，說：「不工作，一天到晚只知道玩。」

先生本來喜歡打高爾夫球，退休後，又有誰可以陪你打呢？喜歡打柏青哥，哪來那麼多的錢可以去玩？國人對於玩這件事，看法比較狹隘。儘可能不要花時間在玩樂方面，要儘量和社區的人交流。除此之外，上進的事情也會比較受人歡迎。

積極的和社區人士交流

終日都待在家中，心情會不好。當然，身體狀況也會崩潰，夫妻之間的關係也會產生問題。這種時候，最好還是出門去。剛開始，當然是到附近的鄰居那兒去串門子。不知道你和左鄰右舍的先生們談過話嗎？對方的先生如何呢？我想，你大概知道對方是誰，卻不會和他們交往吧？

我也知道左鄰右舍的先生是什麼人，可是，卻從來未曾和他們交談過。接著，隔三、四間屋子的鄰居，你認識他們嗎？有時，我太太會和他們打招呼。他們在和我打照面時，則會問：「請問這位是……？」

我幾乎都沒有和社區或附近的鄰居來往。太太平常會和附近的鄰居交流。這些婦女經常聚在一起，聊說哪個男性比較冷漠等等。這都是非常重要的情報來源。他們會談論哪一家的老太太身體不好，或是哪一家的先生退休了。○○的小孩，現在開始上班，取得了社區的各種情報。

也許有人會說：「簡直是無聊嘛！好像電視的播報台一樣。到處刺探他人的隱私，卻感到這麼高興。」但是，這些情報和婚喪喜慶的出席與否有關，是非常重要的。男性會非常輕視家庭生活的交往和情報的圓滑應用。但是，卻對○○部長的小孩進入志願大學，或是客戶的課長的母親過世這類的情報，非常敏感。難道不是嗎？你對和工作有關係的人物所發生的情報，總是非常注意。

擅長收集情報的你，想要了解附近鄰居的動向，應該不會很困難。這並非要你刺探別人的隱私。

「注意」這些情報，和太太的會話才能夠深入。不是對於別人的家庭感到興趣，而是可以從這兒了解妻子對各種事情的看法。藉此也可以設身處地的站在家庭的立場，來判斷要採取何種適當的行動。

即使覺得衣著不得體也不要緊，還是先踏出屋子的大門。在住家周圍走一圈，讓鄰居太太們認識你。

她們會逐漸了解你在哪裡工作，什麼時候退休。於是，他們會了解你是住在這棟公寓的某個人。你要主動和他們寒暄，打招呼。這就是交流的開始。

交朋友，尋找同伴就是這樣……

退休後，突然會發覺沒有日常生活的朋友。在工作上來往的人，現在因爲靠著養老金來生活，再也沒有能力和他們交往。而且，本來也是爲了工作的需要，才會和他們有來往的。現在已經退休了，已經沒有必要再和這些人應酬了。

退休的同事偶爾也會有連絡，但是，因爲住得比較遠，見面要花交通費，會是一大負擔，因此就逐漸地疏遠了。

此時，可以活用你六十年來的人生經驗和智慧。

我也曾經參加公司工作之外的事務。例如，參加不同行業的交流會、深感興趣的聚會，及各種學習會等，擔任招待的工作。不過，這些都不是專門業者主辦的。

參加者都是非常忙碌的人。如果有人擔任幹事的工作，就能夠幫得上忙。雖然我自己的工作很忙碌，但只要一有時間，就會去幫忙。

我是所有參加者中，最資深的。由於經驗豐富，提出的企劃也較有趣，所以，通常能夠得到全體的贊成，因此，我更積極參與幹事的工作。雖然有點麻煩，但因爲已經退休了，所以有更多的時間來處理這些麻煩的工作。

有時候，我會把工作讓給年輕人去做，自己在一旁輔導。或是禮讓給比自己年齡大的人。這種仔細謹愼的工作方式，和在公司工作時的情形是一樣的。

我參加了三個團體，爲了製作名冊和調整各種行程，非常忙碌。尤其是聯絡電話和郵寄各種資料時的花費也不少。這方面的費用，不需要由自己提出，經過數次的聯絡作業，一定會有人想到「聯絡費用」。

就像退休以前一樣，所有的事情都分層負責。新進職員在進入一家公司時，需要顧慮到許多事情。退休後，你在社會上就算是一個新人，就像在剛開始工作的時候一樣，絕對不可以忘掉，凡事要謙虛。

參加團體活動

退休後，如果擁有朋友，可以使你的人生更加豐富，能夠使人生充滿樂趣。例如，打高爾夫球。退休前，會和客戶或高爾夫同好者，一起去打球，預約場地，很順利就產生一群擁有高爾夫球的小團體。不過，退休後，要組成這樣的小團體並不容易。

我早就想到這一點，曾經明白宣言：「我不打高爾夫球了。」退休後，沒有打高爾夫球的同伴，也拿不出打高爾夫球的費用來，因此乾脆放棄。現在想一想，覺得有點後悔。想到當初作了這種宣示，又不能反悔，眞是令人頭痛。

不過，我知道有些喜歡打高爾夫球的人，組成了一個團體。有時候，會在社區的免費報紙上刊載廣告，全是退休人士所組成的團體。每個月存錢，成立基金，一年舉辦數次比賽。

除此之外，會員們可以一起打高爾夫球，同時，又可以和其他的高爾夫同好交流。高爾夫球場的預約，因爲泡沫經濟的影響，已經比較容易取得了。現在用團體名譽來申請，十分容易通過。如果加入這種團體，就不需要擔心會員或預約的費用。

此外，住在附近的同事告訴我：「等你退休了，我們一起去打高爾夫球。」我想，如果能繼續打高爾夫球，該有多好。

網球和棒球也有類似的團體。不只是運動，尙有各種團體，例如：繪畫、雕刻、陶藝、社交舞、音樂、卡拉ＯＫ等等，各式各樣。另外，也有屬於工作範圍的團體，平時自己進行研修。參加這些團體的人，大都比較年輕。曾經有這種工作經驗的人，如果參加這類團體，則會被視爲老前輩。爲了要找尋同伴，尋找朋友，應該要積極地參加這些活動。

我的朋友曾經警告我一些事情，即在進入這些團體的時候，要進行充分的調查。某些高爾夫球團體，有賭博的行爲。若被牽扯進去，會很麻煩。初參加團體的人，都必須要注意禮節。要視之爲工作的延長，不可以認爲「我是這團體的會員」，就太過自大，要抱持著新人的心態來參加。

自治團體的報紙是人生的寶庫

退休後，健康而富有元氣地過了二十年，要儘可能充分利用個人的時間。某日，我在神奈川縣和橫濱市的報紙看到小小的刊載。

這是「中高年齡者職業再設計講習」，由神奈川縣的職業能力開發協會主辦。針對四十五歲～六十五歲，縣內的居民爲對象。共有三個講座，即所得稅基礎實務講座十八天、二級鍋爐技師檢定準備講座十二天、不動產管理實務講習二十天。鍋爐技師講座需要講義費和實際材料費，其它的講座則是免費的。如果已經有數十年沒念書，是否可以再參加這種講習會呢？我認爲即使不打算參加考試，也可以藉此增加這方面的知識。

短期的講習會有製作味噌、夏威夷四弦琴入門、陶藝教室等，大都是屬於嗜好講座。另外，還有賞鳥、觀察植物的親近自然團體聚會。一般都是免費的。頂多是講義費或材料費而已。依靠養老金生活的人，都可以參加這些課程。

有的課程還有縣市的補助。音樂會、戲劇、電影，都是非常有趣的。這些消息都刊載在報紙的廣告上，可依照自己的喜好來選擇。

我還在工作的時候，就刊載了這樣的新聞報導。有位千葉縣的讀者，曾經抗議：「我們居住的地方，沒有這種講習。」

詢問有關單位時，他們表示的確是沒有。不過，他們會經常舉辦一些生涯教育。只要注意廣告報紙，就能夠找到。退休後，時間非常充裕。可以選擇搭配，充分利用時間，這一點非常重要。

在許多的講習中，我選擇了書法。一年的費用是數千元，對於家庭經濟，不會造成負擔。我覺得自己寫的字太難看，因此，選擇了書法。很幸運的，我被抽中，開始了這項挑戰。

此外，還有相當多的課程。如果都選擇參加，就沒有時間待在家裡了。當然，音樂、電影、戲劇，都非常有趣。如果可以參加各種講習，也可以找到新朋友。

各個社區自治團體的廣告報紙，可以豐富人生的寶庫。請務必閱讀這些報紙。

六十歲以後開始學習，更是別具風味

在橫濱市生涯學習的書法教室中，老師問我：「眞實之道在哪裡？是非常有利的東西哦！」我害怕自己不善用退休之後的時間，可能會導致痴呆，於是申請進入這書法教室，結果，在四倍之多的競爭者之中，我被抽中了。

學習書法，已經是數十年前的事。亦即在第二次大戰之後，如今卻拿著筆，在教科書上用墨汁寫字。事實上，並沒有道具。當天的課程只是導論。按照事務所的說明，我們只帶一般的筆記用具到教室。

學生共四十人，有八成都是女性。參加各項講習的女性，佔壓倒性多數。有午休時間……，卻無法做其它的事情。男性在午休時間，會打高爾夫球或柏青哥，或是喝一杯，把時間都玩掉了。女性則比較喜歡學習。教室中的男性，大都是退休者，我也是其中之一。一張桌子坐二個人，稍微有點擠。

老師詳細地說明筆、墨、硯臺的使用方法。不過，並不要求要完全具備。老師說：

「並不是在練習字，而是寫字需要這些物品。」另外，不可以用墨汁，必須親自動手磨墨。你可能會覺得麻煩，可是，寫字之前，要充分讓心靜下來再磨墨，磨墨的時間是非常重要的。」每個星期五早上，有二個小時要待在教室中，先磨墨，讓心平靜下來。此時，我想：「嗯，感覺好像不錯哦！」但是，到底要在哪裡買這些道具呢？透過老師的介紹，知道可以不用特地到那些地方去買這些用具。拜託老師買小水瓶，老師卻對我說：「儘可能使用現有的東西。」

其中一位同學拿著紙杯對我說：「用這個就很方便了，水不會漏出來。」我恍然大悟，也非常佩服他。我自覺能和每個人融洽相處。

六十歲才開始學習，這種感覺很不錯。在這裡可以交到朋友，猶如增加了一分財產。

從學習中也可以找出興趣

有人問：「你的興趣是什麼呢？」你會回答什麼呢？大概會說，讀書不錯，音樂也很好。不妨想想看，自己的興趣究竟是什麼。大夥兒一起起哄，聚在一起聊聊天，這不算是一種興趣。打高爾夫球必須要有同伴，而且，要舉辦大規模的競賽。可是，這只是暫時的，是和同事們進行的興趣。和工作或工作無關的個人性高爾夫球團體的夥伴，卻是一個都沒有。

以前，每個月到高爾夫球場參加比賽，大夥兒打完八洞，結束之後，就各自說再見，離開了，彼此互不相識。

音樂、讀書、打柏青哥都是一個人就可以進行的。幾乎很少聽到可以數個朋友一起讀一本書的。

興趣是什麼呢？有的人認爲是「喜歡做的事情」、「熱衷做的事情」、「做一輩子，也不會膩的事情」，也有人認爲是「即使花再多的錢，也不會覺得可惜，不會想要求拿回來」的事情。如果是要求回本，像打柏青哥、賽馬或賽車等，也可以是高興的事。不過，這只是屬於玩樂的性質而已。

獨自慢慢地品嚐興趣也不錯。如果不需要花費大筆的金錢，可以得到滿足的情形下，還能夠和具有同好的人交朋友，會是一大優點。我想強調的就是這一點。一群興趣相投的人，進而成爲知心朋友。

年老後的生活，朋友越多越好，有助於過著充實的人生。爲了這個目的，要能夠培養出興趣。與其做一些獨自進行的事，倒不如參加一些團體。女性在這方面，很值得學習。陶藝教室、繪畫教室，大都是數個人一起學習。回來時，還可以一起喝杯咖啡，甚至一起去旅行，到海外購物。

有些人會說，不曾培養任何興趣。這些人最好培養自己的興趣，爲了興趣而學習。在相同的目的下，大家比較容易交談。此外，這種場所一定會有女性參加。透過交談，可以了解現代女性的想法，增添人生的趣味。如果努力學習，就可以展開退休後二十年健康的生活。

想要脫下西裝生活……

我對太太說：「退休以後，我不要打領帶，也不要穿西裝。」結果，被太太潑冷水：「穿什麼西裝呢?肚子都突出來了，再穿也不會很好看。」

我認爲不再去上班，就不需要再穿著「上班的制服」，雖然被潑了冷水，我還是鼓起勇氣，尋找西裝和領帶之外的衣服。沒想到眞如我太太所說的，對於中老年的男性來說，眞的找不到上班族年齡層以外的衣服。

紳士服都是適合年輕人的休閒服或高級的西裝領帶等。一般的婦女服裝卻還是很多樣化。可是，男性的除了高爾夫球裝以外，就是領口很低的襯衫。在巴黎也是如此，紳士服大都是西裝和領帶。後來，在歌劇院附近，終於找到合適的二件襯衫。

退休後，除了正式的場合以外，幾乎都不需要打領帶。不穿西裝後，竟然發現幾乎沒有什麼衣服可穿。

身處於二十一世紀的今天，國內的中老年人口遽增。如果商業業者能夠針對這些人（我亦是其中之一）開發產品，定能開拓出一大市場。

我找過好幾家百貨公司，也問過紳士服飾的關係業者有關成人時裝的問題。但都無法得到滿意的答案。難怪服裝業者的成績，一直不能提升。

在百貨公司販賣紳士服裝的賣場，看不到男性購物。在那裡逛了一圈，發現出現在此地的，都是太太或小姐們。可能是來這裡購買生日禮物或贈禮的吧！看她們所買的東西，和她們本身的風格並不符合。

在時裝方面，男性也無法自立。男性服裝的製造業者，並不熱衷這方面的事物，沒有優異的設計成品。脫下作業服裝的西裝後，如果想要穿一件帥氣的服裝，就必須在穿著方面，有一場意識革命。

不喜歡和年齡相應的興趣

我想向各位介紹一則向電視投稿的故事。「我的祖父六十五歲，不知道怎麼回事，竟然把頭髮染成咖啡色，而且，竟然還在耳朵穿洞，戴上耳環，走在澀谷的街上。」我聽了，不禁莞爾。想一想，一個六十五歲的老先生，把頭髮染成咖啡色，戴上耳環，似乎有點奇怪。我卻發現，自己也想這麼做。

爲什麼會覺得奇怪呢？因爲感覺和年齡不相稱。可是，年齡又算什麼呢？

和男性年齡相稱的興趣，就是圍棋、繪畫、盆栽。和女性年齡相稱的興趣，則是舞臺劇、花道、茶道等等。

不過，如果你認爲年老後的興趣就是這一些，我深表反對。若只考慮到年齡，會變得像個老人一樣。

以往，對於老人的印象，就是穿著和服，過著規律的生活。可是，現在已經不一樣了。一般人的壽命，從五十歲延長到八十歲。昔日隱居的年齡，現在還能夠很有精力地工作。和年齡相稱的興趣，嗜好也不同，不只是圍棋、繪畫、盆栽而已。

服裝和髮型也一樣。穿著的襯衫，其款式及樣式，不輸給時下的年輕人，也變得多樣化了。頭髮也是如此。蓄長髮和燙頭髮的情形，相當普遍。

爲什麼上了年紀就不能夠這樣呢？

曾經詢問過一位專門研究老人問題的教授。他說：退休後，如果要過著健康的生活，不斷地展望未來是十分重要的。如果做不到，在心理上，便會裹足不前，認爲「自己已經老了」，而成爲一大負擔，甚至變得痴呆。

最重要的是，本身要有這樣的想法。延伸工作時代的興趣，延續目前所進行的各種興趣再去發掘更多的興趣，尤其儘可能從事年輕人所喜好的事，但不可勉強。正如前文所述，可以在社區的自治團體的廣告報紙中，去挖掘各種興趣講座，選擇其中感到有興趣的來參加。

要擁有向新興趣進行挑戰的心態，這種心態有助於結交新朋友。此種樂趣超乎你所能想像的。現在，已經不是講究年齡相稱的時代了，而是沒有年齡差別、性別差異的活動時代。不論是服裝或興趣，都儘量嘗試新的事物吧！

No!

第3章 提早退休後的健康快樂的生活

為了過著健康而快樂的生活，詢問了許多醫生所得到的精粹。只知道而不實行，會毫無效果。能夠長久繼續實行，就是力量。

不要因健康檢查報告而感到困擾

通常，我們一發現血液或尿液的檢查數值不在正常的範圍內時，都會覺得很在意。我曾經聽說過這樣的例子。即因定期檢查數值異常，發現了疾病，及早接受治療，在短時間內就治癒的情形。因此，當收到檢查結果的通知時，會很在意其中的數值。

我的一個朋友曾經罹患過肝病。他在接受檢查後，發現r－GTP的數值升高，而住進醫院。

最初發病住院時，疲倦的情形十分嚴重。可是，這一次卻沒有任何自覺症狀。但在醫生的勸服下，勉強答應住進醫院。經過一個月後，數值沒有任何的改變。

而且，他的體調非常好。這位朋友覺得有點奇怪，就「主動出院」。又到東京的大醫院接受檢查，發現r－GTP的數值爲正常值。當他詢問那位醫生是怎麼回事時，醫生回答：「到底做了怎麼樣的檢查，我們也不清楚。」

因此，不必太過執著檢查的數值。因爲根據醫院的不同、檢查機構的不同，會有不同的數值產生。結果，連被判斷爲疾病或正常，也會有所出入。我這位朋友說：「我不知道爲什麼我住院，眞是浪費了那些醫療費。」他感到非常憤怒。這是一個烏龍的例子。不過，有時的確會發生這樣的狀況。如果不是過於相信檢查的數值，也不至於住院。

有位醫生曾經這麼說：「定期檢查或衛生署的檢查，是爲了製造病人。超過正常值，則會被懷疑有疾，這時候，要再作更進一步的檢查。如果需要再檢查，前面的定期檢查或衛生署的檢查根本沒有必要。

當然，也有持相反意見的醫生。對外行人而言，出現奇怪的數值時，眞的會無所適從。他們會認爲，檢查的數值沒有統一，實在無法判斷。接受檢診的人，雖然認爲「反正沒有信用」，卻又勉強接受檢查。

定期檢查是在實施勞動法之後，受到確認的。在企業人事部或衛生署等的勸診下，才接受的。即使公司的同伴代爲打抱不平，可是，還是要接受健康檢查。至於健康檢查的結果，當作是參考就好了。

同伴之間，可以比較數值，當作一個話題來討論。我認爲，要先統一全國的檢查數值，才能夠使健康檢查的數值有意義。

健康或不健康，因為看法的不同而分歧

自己到底是健康，還是不健康呢？我也曾經這麼想。我曾經有過心肌梗塞的記錄。在一年前，眼底出血，低血壓偏高，每天吃藥。最近，隨著年齡的增加，睡眠時間減少，白天睡覺。膝蓋疼痛，腰部的情形也不好。這種狀況不能夠稱之為健康。但是，我也不認為這是生病或不健康。現在，我過得非常有元氣。究竟我是屬於哪一種情形呢？

說眞的，我實在不知道。也許二者皆有。但與其認為自己不健康，憂鬱地生活，倒不如快快樂樂地，充滿元氣，健康地過活。要保持這種積極的心態。

退休之後，每天都是星期天。如果退休後，每天睡得很晚，持續過著不正常的生活，會很麻煩。因此，我還在工作的時候，就開始考慮到各種方法和對策。為此，還參加了各種講習和團體。從廣告報紙中，得到各種情報，並參加了其中的課程。除此之外，為了要延續工作時代的工作，我還打算平常寫寫文章。

退休後，因為忙著辦各種手續和朋友的邀約（辦理年終退休，參加各個朋友的新年會），忙碌於應酬，我的太太覺得很不像話，問我：「明天有沒有休息啊？」

持續過這樣的生活，當然全身都是病。但自己並不覺得不健康，因爲根本沒有時間去考慮，到底健不健康的問題。會經常考慮自己是不是一個健康的人，他一定很閒。而且，他是以感覺的方式，來區分健康或不健康。如果每天能夠快樂地生活，即使身處逆境中，也會認爲自己是健康的。例如，在工作時，因腦溢血昏倒，或變成半身不遂者，和周圍的人相比，會覺得他們的運氣不好。他們給人一種不健康的印象。每天很開朗，而很有元氣地做復健的人很多，他們並不認爲自己不健康，頂多只是行動稍微不自由而已。

有身體障礙的人，也是相同的情形。沒有生病，也不是不健康，只是行動稍微不自由罷了。有些人可能很有元氣的生活，甚至還創作出各種優異的作品。反之，稍微腳痛或氣喘，就上醫院的人也不少。醫生爲了讓這種人感到安心，會給予安定劑的處方。這些人是自己放棄健康的。健康與否，當時的狀態會因當事者的心態而改變。

擁有附近的主治醫師

在公司或公家機關的大組織中，可以享受各種福利。有工作，當然就有薪水。另外，還會有附加的給付，即所謂的衛生福利服務。其中之一就是診所。在工作的時間接受診療，不需要特別找醫生，尤其如果是到大醫院去，還要等上三個小時。事實上，診療的時間只需花上三分鐘而已；到外面去看醫生，更要花上一天的時間。在大機構中工作；就有這樣的好處。

離開公司後，更能感受到它值得感謝的地方。生病時，不需要尋找醫院去看病。退休後，你可能會因爲對社區不熟，找不到一家醫院去看病。此時，你最好去找街上的醫生，那裡不像大醫院那麼混亂，而且，也比較有時間和醫生商談，所以，最好還是在住家附近找醫生。

我發現附近的專科醫院，可以得到有關的情報。當我感冒時，就到附近的小兒科去，那裡都是小朋友，只有我一個大人。雖然有點奇怪，但是，因爲情況嚴重，實在顧不了那麼多了。我問醫生，我長期服用降血壓的藥，是不是可以在這裡定期拿藥，他對我說：「在這裡，沒有大人用的藥。」於是，他介紹一位距這裡走路的路程，只需十五分鐘的專科醫生給我。當我告訴這位專門醫師，是那位小兒科醫師介紹我來的時候，他非常親切地招呼我。由於地點較近的緣故，有時候，我會去找小兒科醫師，請他幫我介紹醫生。這位醫師有如我的家庭醫師。

我經常去找的那位醫師，能夠和我商談任何我所詢問的疾病，是眞正的主治醫師。這位醫師儘可能不用藥，並且認爲，老化所產生的疼痛，不是疾病。老化現象是無法消除的，他這麼告訴我。最近的醫療是一種煉金術，不斷用藥和檢查，可是，這位醫師卻毫無商業氣息，我覺得深感敬佩，因而相當信賴他。退休前，在診所有主治醫師；退休後，則在住家附近，尋找一位主治醫師。

尤其是退休後，年齡較大，容易生病或身體出現障礙。因此，要藉著自己的眼光，選擇一個值得信賴的醫師。這位醫師必須充分了解自己的身體狀況，這是很重要的。如果身體狀況稍微惡化時，就必須到大醫院去。要嚴守這樣的流程，並且擁有一個值得信賴的醫師。

要看兩家以上的醫院

我所服務的東京報社，在生活部有一個「電話談話室」，是和讀者交談的專欄。某一個週末的上午，十點到下午一點，我替這個部門的一位記者代班。

打電話來詢問的，都是有關疾病和健康等的身體問題。多半是「身體狀況不好，到醫院去檢查，醫院卻說沒有問題，可是，相同的症狀並沒有消失」。這樣的例子相當普遍。

我接到的電話是「我的先生出現突發性重聽，醫牛說要花很長的時間才能夠治好，是不是眞的是這樣？」我請教負責醫事的同事，他回答：「突發性重聽的痊癒，就在於時間了。如果不儘快治療，可能很難恢復聽力。」這下子可麻煩了。於是，我趕快將同事所介紹的醫院告訴讀者，勸她儘早帶先生去看病。

不論是何種情形，我都會問：「有沒有到別家醫院接受檢查呢？」第一次看醫生後，就相信醫生的診斷，容易驚慌失措，即使是名醫，有時也會出現「十四％的誤診」。如果對於一次的診斷感到懷疑，可以再到另一家醫院接受診療。

這是所謂的第二建議。目前，出現了各種新的疾病，自然有各種新的療法。一個醫生不可能有那麼多的情報。對於不拿手的醫學範圍，當然會有不同的看法。必須再看第二家醫院，才會有較好的判斷。

如果二家醫院的看法相同，即使再找第三家，也是多餘的。有時候，仍須相信醫生的判斷。如果在第二家醫院得不到相同的答案，可以再到另一家醫院接受檢查，或是綜合自己所感覺到的症狀，及醫院的診斷，進行判斷。

爲了得到正確的判斷，要將自己的症狀詳細地告知醫生，充分商談。這就是所謂的被告知的商談。現在，一般都認爲有此必要性存在。

感覺疼痛時，如果只告訴醫生，「痛、痛」，是沒有用的。必須告訴他，哪一個部位疼痛。

另外，疼痛是否持續，或是間歇性的。要清楚地告知自己的症狀。例如，「在胸部的中央，有一種好像被用力緊抓的疼痛。冒冷汗，而且有下痢、嘔吐的症狀。況且，疼痛會往肩部擴散到左手。左手小指外側麻痺。」這是我出現心肌梗塞時的症狀。由於我的描述十分詳細，醫生很快地便進行處理，而使我逃脫了鬼門關。

報紙的健康欄要這麼看

每天的報紙有很多的情報。其中，我最常看「健康欄」。裡面內容所談到的，都是一些常見的疾病。一般從事報導的記者，以專家居多，因此，可以將其當作參考。尤其優良的醫療記事，從事這方面報導的記者，都會獲頒「特寫獎」的鼓勵。這種記者的報導，更值得信賴。可惜的是，幾乎所有專欄的記者，都沒有署名。

每個新聞記者都有其個人的專長，又擁有各方面的情報，實在不是一件容易的事情。再加上他們不是醫生等的專家，因此，在健康欄的報導，多半是以詢問醫生等的方式呈現。雖然記者經常會把自己的意見寫在報導中，可是，關於醫療或醫學的報導，很難加入自己的意見。

所以，爲了避免資料、理論的錯誤，都要請教專家。

我認爲在這種情況下，絕對不要有錯誤的報導。只是會有一項明顯的缺點，就是這些報導不夠深入。閱讀這些報紙的健康欄時，可以這樣看。

記住報章所刊載的病名，提到的醫生的名字，醫院，以及有關的大學、醫療機構等。同時，要注意報導中所提到的有關發病症狀和各種的前兆。並記住專家所說的各種治療法或徵兆，有助於在罹患相同的疾病時，立刻確認其可能性。如果有和叙述中相同的症狀或前兆時，儘可能接受出現在報導中的醫生的診療。

此外，也有一種健康的詢問欄，是接受讀者的詢問，並給予答覆的專欄。我認爲這是可以實踐的，最好用心地閱讀。當你注意到，自己與詢問者有相同的疾病和症狀時，更要仔細地閱讀。此時，不僅要仔細閱讀具體的回答，還要了解答覆者是誰。有時候，也可以針對報紙上的回答，直接請教對方。

最近，經常可以看到有關看護的報導，也會有報導實際看護的狀況，這是一定要看的。不要認爲「我們家中沒有需要看護的老人」就不看，這是必備的知識。

記載的最後，會詳細報導各種講習會的行程、書籍，及有關情報的處所等，這些內容非常多。

當你退休後，沒有任何的興趣，不知道該怎麼打發時間時，可以仔細閱讀這些專欄。有助於增廣你的社會活動範圍，有效地利用報紙中的健康欄。

那麼，又要如何看電視的健康節目呢？

如何看電視的健康節目

「眼白變黃，很可能是黃疸或膽結石的徵兆。」

「貧血的人最好吃菠菜和動物的內臟。」

「要細嚼慢嚥，有助於預防癌症。」

一般的電視節目，大致可分成三種。就像第一個例子，有關於各種疾病的前兆。出現了哪些症狀，就是○○疾病，並讓大家了解疾病的情形；第二種是有什麼症狀的人，要吃什麼，對疾病較好。這是所謂的食物對症療法；最後，是吃什麼或做什麼運動，才可以預防○○疾病。這也是關於營養學、運動理論的預防的三種方法。

邀請到的來賓，都是有醫學博士或農業博士頭銜的醫生，及大學教授。在電視台工作人員的訊號指揮之下進行，補充司儀或主持人的談話。內容幾乎是屬於家庭醫學方面，再加上一些最新的情報。和閱讀文章不同，說服力更大。

確實，這些問題聽了就算了，是電視節目的共通弱點，會削除看電視的人的注意力。

一般而言，很難確實記住打出來的字幕中，疾病和飲食之間的關係，以及相關的前兆等知識，因此，最好是在電視之前，準備好紙和筆，把這些資料記下來，甚至連醫生的頭銜和名字、當天解說的專門病名等，都一一記錄下來。這是最好的方法。關於電視節目的內容，如前述所說的，都是屬於家庭醫學的一些知識，再加上一些新的情報，因此，不需要詳細記錄。

退休以後，時間比較多。此時，可以和太太一起仔細地觀看電視節目。太太們會經常收看這一類的節目，所以，幾乎成爲了醫療的雜學之家。

如果你能夠拿著筆，把節目的重點記錄下來，也許太太會覺得「這個人很認眞在看」，很可能會對你另眼相看。

仔細地記錄下來，會成爲龐大的情報。最好不要使用紙張來寫，而要另外準備一本筆記簿。

雜誌或報紙都一樣。雖然提供情報的方式不同，可是，我們所需要的情報，卻是相同的。若能靈巧的使用，會是非常有用的資料。並且要能巧妙地應用每天所收集到的情報。

健康的搭配攝食

搭配攝食，就是要能夠正確地搭配、攝取。過去，有人說，梅乾不能和鰻魚一起吃，西瓜不能和油炸食物一起吃，否則會造成傷害。對於食物的搭配有所指導，以現代的眼光來看，這是沒有科學根據的。不過，想一想，在醫療、食品供給較差的時代，如果吃錯東西，很可能會導致生命的危險。因此，不良的食物搭配，必須十分注意。

所以，對於食物搭配的負面看法，是在現代對身體有益的觀念。有關食物的搭配，日益受到重視。

良好的食物搭配之一，就是含有鈣質的食物。例如小魚乾、大豆和蔬菜的吃法。鈣質是近來備受矚目的一種礦物質。由於罹患骨質疏鬆症的人增多，導致骨折或臥床不起的社會問題，因此，鈣質受到大家廣泛的注意。

骨質疏鬆症和女性的荷爾蒙分泌有關。其實，和飲食生活也有很大的關係。有些人認爲，這和男性沒有多大的關係。因爲男性的骨骼較粗，所以，這方面的情形比較不嚴重。多攝取鈣質，會使人精神安定，比較容易入睡，也可以防止血壓上升。對人體而言，是必要的物質。

另外，夫妻兩個人共同生活時，飲食上也是採取相同的菜單。先生不需要特別注意鈣質的攝取，可是，如此一來，可能會導致太太出現骨質疏鬆症。

一般而言，含鈣質較多的食物，有小魚乾、鮑仔魚、沙丁魚等等。如果要提高人體吸收鈣質的效果，必須同時攝取納豆這種食物。

由於鈣質不是那麼容易被人體所吸收，所以，如果能和微生物，像是納豆中的納豆菌一起吸收，就能夠產生良好的效果。

另外，也要攝取酪梨、金槍魚。酪梨中的棕櫚酸這種良質脂肪酸，能夠預防動脈硬化，再配上山葵食用，可以放心地攝取。羊栖菜和豆腐皮的搭配，可以增強皀角苷的效力，促使食品添加物這種有害的物質排出體外。肝、蛋、蝦子的組合，能夠有效地攝取膽鹼和良質蛋白質，預防腦部的老化和痴呆症。

隨著健康風氣的盛行，對於食品的看法也不太一樣了。在這之前，被認爲對身體不好的食品，過了不久，可能會被認定能夠防止老化、增強體力，具有預防感染症的效果。可以閱讀「搭配攝食的健康法」等這類相當淺白的營養書，以了解飲食的攝取和知識。

這東西有益身體嗎？

最近，蔬菜變得漂亮而美味。蔬菜的表面毫無傷痕，十分挺直而白的蘿蔔，看起來很漂亮。以往經常看到的長得扭曲、不均勻的蘿蔔，或是被蟲咬過的高麗菜，現在都已經看不到了。

撕下羅蔔葉，堆在菜攤後面。魚大都切成肉片，魚骨、魚頭、內臟都被丟棄。歪曲的小黃瓜，跑到哪兒去了呢？要栽培出挺直的小黃瓜，想必不是件容易的事，要花費相當大的工夫。

為了使栽種出來的蔬果長得漂亮，多半會在溫室裡栽培，一整年都能夠生產。這些沒有曬太陽的蔬果，所含的營養素，不禁讓人懷疑。由於市場要求所有的蔬果長得整潔、整齊，而採用溫室栽培。可是，這樣的作法對嗎？再加上運輸過程要求蔬果的規格，才容易裝箱，也令人感到疑惑。當季的蔬果都是栽種在露天的地面，當然也會產生彎曲的蔬果，而這些外觀不良的蔬果會被送到醬菜工廠，作為加工製品。充分曝曬在陽光下的蔬菜，含有豐富的礦物質，此種蔬果也較便宜。諷刺的是，有很多便宜的蔬果，對身體有益。

蘿蔔的葉子也一樣。這種長在地面上，吸收地下充分的養分而成長的蘿蔔，含有豐富的礦物質。自古以來，蘿蔔即被認爲對身體有益處。可是，現在的菜販竟然覺得口感不佳。但是，如果能細心烹調，一定會變得更加美味。

魚也一樣，買回家處理，會更有營養。喜歡吃金槍魚的人，也會喜歡吃「鯛魚」。魚中骨、腹骨之間的肉、有皮的內部等，味道鮮美。而且，其中所含的ＤＨＡ（二十二碳六烯酸）和ＥＰＡ（二十碳五烯酸）都非常的高。此外，內臟、小骨含有充分的礦物質，如果能細心料理，也會相當可口。秋刀魚的內臟既好吃，所含的養分也相當的高。

便宜的東西反而很美味，對身體有益。

元氣之源的鈣質來自牛奶

現在，我雖然有慢性病，可是，卻非常的有元氣。大病之後，我認爲「在這一次的災難之後，要好好地應付疾病」。因此，我會擔心如果身體無法動彈，該如何是好？骨質疏鬆症是缺乏鈣質所引起的疾病，罹患此病的，幾乎以女性爲多。可是，如果男性的鈣質不足，也很容易發生骨折的現象。經常可以聽到，男性一跌倒就骨折的情形。一旦骨頭折斷了，眞是糟糕。不像年輕人一樣，馬上就可以痊癒了；也有的人可能就臥床不起了，使得生活的品質大大地降低。此外，牙齒也會因爲缺乏鈣質，而變得脆弱。有些人抱怨，「我已經有假牙了」，而很想用眞正的牙齒來吃東西。

我甚至看到了一個電視廣告，說「八十歲時，還有二十顆牙齒」。這種人吃起東西來，會覺得很美味，並且覺得自己還年輕。

伴隨年紀的增長，鈣質流失得很快。這時候，必須注意，取得的營養要超越流失的速度。魩仔魚、沙丁魚、小魚乾，都是優良的鈣質食物。醫生常說：「要吃優良的鈣質食物。」指的就是牛奶。

有人說：「我喝了牛奶，肚子會咕嚕咕嚕地叫」、「喝了會拉肚子」、「已經數十年沒喝了」。大多數的男性都不喝牛奶。

但是，如果把牛奶當作是手邊最方便的藥，就能夠很輕鬆地把它喝下。對大人而言，牛奶是很不容易消化的。大概是因爲體內酵素的關係，喝了會下痢，或肚子咕嚕咕嚕地叫。但是，只要花上一段時間，就可以消除這些問題。

一般醫生推薦的方法，是少量而溫熱地喝。每天持續增量。每天早上，在車站的商店買一瓶來喝，養成補充鈣質的習慣。

一天大約喝二百～四百mℓ。依據身體狀況的不同，有時體內如果有大量的脂肪，喝牛奶超過四百mℓ以上，可能就會太多了。

此外，鹽分攝取過量，也會造成鈣質的缺乏。因爲鹽分從尿液排出時，會溶化鈣質。因此，吃太多醬菜或吃麵時，如果連湯都喝完，或者吃太多醃漬物，就會出現鈣質流失的情況。

最好避免這些習慣，並且養成喝牛奶的習慣。這是重要的「退休後的健康學」。

關於鈣

談到牛奶，當然也要深入談鈣。

鈣質是維持骨骼健康非常重要的物質。此外，也能抑制動脈硬化，使血壓安定，防止腦部的老化，具有使人容易入睡、心情安定等效用。要柔和地攝取鈣質，需要下多點工夫。例如，和微生物一起攝食，是一個好辦法。還有，要考慮到一天之中，攝取鈣質的時間。我們來看看宇宙的科學發展，當日本人開始踏上太空人的旅途時，發現在長時無重力的狀態之下，會造成體內鈣質的流失，使骨骼變得脆弱。爲了預防骨骼脆弱，太空人在飛行的時候，會利用一些器具來鍛鍊腳步。

人類是利用雙腳走路的動物，腳經常支持人體的體重。在無重力狀態下，腳變得不需要，就會導致腳部肌肉的衰弱。在人類的進化過程中，不需要的東西會慢慢地退化。

當腳衰弱時，肌肉無力，會影響到骨頭。人躺著的狀態，類似無重力狀態，尤其如果長時間躺著睡覺，鈣質會流失得更快。因此，最需攝取鈣質的時間是在睡前。

白天活動，也需要鈣質。從早上就必須注意鈣質的攝取。攝取鈣質的比例爲早二、午一、晚三，以此種狀況最佳。日式料理正好在不知不覺中，採取了這樣的比例。早上吃剖成兩半的竹筴魚和納豆；晚餐吃各種燉煮的魚或烤魚；午餐之後或睡前喝牛奶，如此一來，鈣質的攝取量和分配，應該是足夠的。

不過，整體的絕對量是缺乏的。一天之中，鈣質的必要量是六百mg。因爲攝取的鈣質無法完全吸收，所以更加缺乏。攝取過多，也會造成身體的障礙。在目前的狀況下，即使國人攝取十倍的量，也不會發生攝取過多的情形。

由於日本的國土山多、近海，是多雨地帶，因此，土中的鈣質很容易流失到海中，殘留的量相當少。所以，植物、蔬菜類、所吃的畜產品，甚至飲料水中所含的鈣質，和歐美國家相比，顯得非常低，住大陸性國家的人，在不知不覺中，攝取了不少的鈣質。可是，對國人而言，必須下意識地攝取鈣質，否則會出現慢性缺乏鈣質的情形。尤其在睡前，要養成喝一杯牛奶的習慣，而不是喝啤酒……。

從走路就可看出健康度

早上從家裡出去，開始跨步走。有時會覺得腳步輕快。回想起來，原來是前一天晚上，早早就寢的緣故。尤其在上班時，經常會覺得很辛苦。

如果一整天的狀況都很好，心情也會相當不錯。和朋友聊天時，覺得很舒服，一點也沒有血壓很高的感覺，即使是到診所去量血壓，也都很正常。狀況好的時候，工作效率也會比預期的好。

如果早上走路時，腳步顯得格外沈重，這時，心情也好不起來。這一天，自己可要多注意了，可能會出現一些失誤，因此，工作時要特別愼重，效率也就低得多。

我發現，如果眞是這樣，那一天便會出現失誤的情形。在公司或和朋友在一起時，可能會造成別人的麻煩。從那一天起，我在早上上班時的跑步，會相當謹愼、注意，藉此了解自己的健康度。我發覺眞的是屢試不爽。

在健康度的判斷方面，當你駝著背時，絕對無法大步地走路，只有伸直背部，才能挺胸，大步地走路。這並不是快跑。當你抬頭挺胸，大步地走路時，會去看天空的雲，甚至可以回頭看看路旁的花草。可是，當你駝著背，拖著步伐走時，只會看著地上，根本沒有心情去看路邊的花草。

當然，當前一天的疲倦還殘留時，像是宿醉，心情沈重，或擔心某些事情的日子，爲了要轉變氣氛，可以挺起胸膛，大步快走。不消五分鐘，即可使心情變好。

覺得身體狀況不佳時，可以問問自己，「這種疲倦是從何而來的呢？」「因爲喝酒過量，導致身體疲倦，今後必須小心」、「今天的工作，必須非常愼重，非讓身體恢復元氣不可」，並想著一天的行程。

有些人會這麼說：「只要走五分鐘就到了，而且，到車站不需三分鐘……。」到車站不需花三分鐘的時間，可以多走一、二站。每天持續走路，可以產生效果。請各位務必要每天快走。

走吧！這是健康的第一步

我從前年的十月起，開始走路。在這之前，常會因「今天太熱」、「今天提了重物」，或是「今天比較疲倦」等爲由，而搭乘電梯或電扶梯。即使當時的工作只在三樓，也會勉強自己走車站的樓梯。約在二年前左右，從電視上知道，有位上班族走到十幾層樓上班的報導。我非常地感興趣，也開始嘗試走到四樓。

從涼爽的秋天開始，在住家的附近走路。剛開始時，一個星期每天走十五分鐘，覺得還不錯，於是，買了一雙走路專用的特殊鞋子，開始走路。

這雙鞋子的形狀相當奇妙，前端腳心的部分，有厚厚的底，腳跟部分則無厚底，走起路來，很自然地會墊起腳尖。當我踏出去時。腳底的部分會產生強力的壓迫感。

和普通的運動鞋相比，走起來不會有不適的感覺。不過，其負擔會比穿普通的鞋子高出二、三倍。走上四千步，相當於穿其他的鞋子走一萬步左右。

我家周圍都是上上下下的連續坡道。從火車站到這裡，大約三公里左右。即使是半醉地走回家，也可藉此讓自己清醒。剛開始，要快走三十五分鐘，現在，以一般走路的速度，只需二十三分鐘左右即可。

起初，我會邊走邊傾聽公園裡的蟲叫聲，觀看大自然季節的轉變，而且，也會觀察路邊的野花。昔日，會佇足觀賞，現在，則能毫不在意地走了。以前我會害怕在車站前排隊，趕最後一班巴士回家，現在，已經沒有這種壓力了。可是，我也經常玩得很晚才回家，還是造成了問題。

假日時，我會走上一小時。冬天的時候，甚至會走到出汗。就因爲這樣，去年一月，因阪神大地震而進行採訪時，從神戶的長田區到東灘區，完全無法動彈，我卻輕輕鬆鬆的走到目的地。

走路是最佳的健康法。眞的，我有這種實際的體驗。可以提前一站下車，走路回家。這是爲了在退休以後，很有元氣地生活，所不可或缺的運動。

再度提醒要即刻戒菸

在第一章中，我曾經提及「要馬上戒菸」。爲什麼我要一再提醒呢？因爲年齡愈大，菸對身體的傷害也就愈大。

自己罹患癌症，得到心臟病而死去，這是自己的事情。可是，一旦得了老人痴呆症，需要別人照顧時，就會成爲別人的負擔。

因此，必須考慮到菸會導致的疾病，痴呆症、心臟病、癌症等成人病。此外，也會促進骨質疏鬆症、糖尿病、痛風等的發病，甚至是蛀牙。

根據最近的報導指出，菸對人體的影響，十分顯著。先生抽菸，太太生出來的孩子，也會受到菸的影響。據說此嬰兒的體重會比正常嬰兒的體重輕十%，這是追蹤一千個例子所得到的調查結果。

另外，會引發心臟病、痴呆症、禿頭。香菸使血管收縮，引起上述的這些疾病。抽菸者本身和吸二手煙的母親，均會出現血管收縮的現象。初生兒吸進二手煙，也會遭受很大的影響。

冷靜觀察，高齡者在退休後，應該還可以再活二十年左右。在這漫長的人生中，對孫子們很可能會有相當大的影響。

隨著年齡的增加，腦血管會萎縮，導致腦的血液循環不佳，再加上香菸的影響，更會促使這種現象的發生。很明顯的可以分辨出來，有抽菸習慣者，腦部血液的流動量會減少，影響到腦細胞。很多人會說：「可是，都已經抽菸這麼久了。」但是，如果你考慮到腦部血液循環的問題，就應該要馬上戒菸。

此外，有人說：「菸有助於降低精神壓力。」很多醫生回答：「這只是一種錯覺罷了！」甚至會因爲抽菸而導致醫療費加重，這也是醫療費上的，大負擔，使國家的醫療支出呈現赤字。抽菸者「佔用」了非抽菸者的健康保險金。

我曾經是一天抽八十根菸的重量級抽菸者，現在已經戒掉了。最近，甚至出現了戒菸的藥物。其實，只要有戒菸的想法，一定可以戒得了菸。在美國，抽菸者被視爲「意志薄弱的人」。我認爲已經不需要再談論抽菸的優缺點了。退休時，趁機戒菸吧！

戒菸的秘訣

有一位諷刺家說：「戒菸？哪有這麼簡單？我已經戒了八十次了。」

不過，請你回想看看。當你第一次抽菸時，是不是也知道未成年抽菸是犯法的。可是，仍有半數以上的高中生在學時，想要模仿大人的樣子，而開始抽菸。

由於朋友和前輩的刺激，雖然抽菸並不美味，可是，爲了不被人恥笑，就會虛張聲勢地在同伴面前表現「我也會抽菸」的架勢。有時候，還會偷偷地練習。

有的人是在看電影時，看到抽菸的樣子很帥，而想去模仿。在我那個年代，大家都想要學石原裕次郎和亨利．鮑加的模樣。

最後，都變成了尼古丁中毒。當時身體會十分不舒服，渾身無力，冒冷汗、頭部昏昏沈沈的。不過，過了這段時期，會變成眞正的抽菸者。甚至沒有抽菸會忍受不了。半夜時分，即使商店距離再遠，也會去買菸，或甚至在煙灰缸裡找是不是還有菸屁股可以再抽。

這種狀態即表示已經成爲尼古丁的俘虜了。尼古丁是具有痲藥性質的物質之一。一旦體內的尼古丁量減少時，就會產生「想要抽菸」的衝動。四十分鐘不抽菸，就會產生「想要抽菸」的感覺。

尼古丁中毒者的特徵，就是經常會出現氣喘的情形。而且，是在不知不覺中出現的。當身體想要補充氧氣時，就會出現想要抽菸的行動。這種行動多少會吸入氧氣，不過，大部分是煙和二氧化碳。抽菸，反而使身體欠缺新鮮的氧，正因這緣故，使得抽菸的量又增加了，最後，變成了重量級的抽菸者。

在街上的人群中，或者在飯店的大廳等公共場所抽菸，完全不考慮會造成非吸菸者的困擾。這種行爲違反了社會規範，而不在於行爲不檢。也許，這個人已經處於痴呆的狀態了。

戒菸的實踐篇

請馬上戒菸。不要再三心二意，也不需要向周圍的人作戒菸宣言，尤其不要告訴太太。因爲這種決心會引起緊張的情緒。如果向周圍的人宣告自己打算戒菸，則那些壞朋友可能會故意在你的面前抽菸給你看。

還有，你的太太是你的支持者，但是，過了一段時間之後，她可能會問你：「你是不是還繼續在戒菸呢？」或「爲什麼不繼續呢？」這些行爲對挑戰者而言，造成了莫大的痛苦。而且，萬一失敗，可能會受到他們的輕視。

我經常保持身邊隨時有菸可以抽的狀態。當我戒菸時，襯衫、口袋經常都放了幾根菸和火柴。某日，我睡太晚了，加上工作十分忙碌，所以，上午都沒有機會抽菸。到了午餐才發覺：「咦？今天都還沒有機會抽菸呢！」自己也感到很驚訝。就在那時，我想：「我可以忍耐多久不抽菸呢？」於是，開始「實驗」。

當我的手伸向口袋，想要拿菸來抽時，就會問自己：「現在還可以不抽菸，是嗎？」摸摸口袋裡的菸，確認它還存在。

當然，我也會有想要抽菸的感覺。此時，我會深呼吸三、四次。這是因爲尼古丁中毒者，在不知不覺中，會產生無呼吸的狀態，所以，下意識地深呼吸，讓氧氣進入體內。目前，有「煙斗」這種戒菸的道具，使用它也不錯。嘴巴覺得有點乾時，可以喝點水，甚至可以嚼口香糖。不過，我因爲怕胖，所以不嚼口香糖。

我不斷地問自己：「現在還可以不抽菸，是嗎？」延長「不抽菸的時間」。當然，途中也曾遇到挫折。此時，我會想：「已經這麼久不抽菸了，不想要中斷這種記錄。要抽隨時都可以抽。」

尤其碰到「三」這個字的時期，難度更高，第三天、第三週、第三個月、第三年。忍過三天之後，又忍過了一週；接著，又過了三個星期。繼而一個月到了。經過三個月，又度過了一年。只要過了三年，大致上就沒問題了。不過，即使經過了十年，仍舊不可以太過粗心大意。

自從戒菸之後，身心變得相當清爽，連食物都變得美味極了。早上起床，感覺非常爽快。這種感覺讓我覺得戒菸眞好。如果不戒菸，是會沒命的。

自己掌握適量的酒

春天賞花，夏天乘涼，秋天享樂，冬天賞雪。在國內，可以享受四季的美景。享樂時，搭配美酒，更是別有一番情趣。黃昏時，手持酒杯，邊喝酒，邊品嘗料理，這是非常幸福的時刻，心情也非常平穩。

在安穩的環境中，疲倦的感覺會瞬間消失。此時，如果太太說：「還要再喝嗎？」或「不要喝太多了。」那麼，這種酒就不是百藥之長，而是成爲不好的酒了。

良酒或壞酒，決定權在於自己。量必須由自己來決定。

最近，蔚爲社會問題的「退休酒精中毒」，是因爲一整天都無事可做，便從早上開始喝酒。由於工作時代，經常有許多的應酬，因此，酒量好的人也不少。變得在生活中，不可以沒有酒。最後，出現幻覺、幻聽，手會發抖的症狀，是酒精依賴的症狀。

一般而言，男性的酒精耐力較強。可是，如果在無法控制的狀態下持續喝酒，即使是酒精耐力強的人，也會酒精中毒。年老後，原本可以非常健康地生活，卻因爲酒精依

賴症，而走上死亡之路。我有幾個朋友，也遇到了酒精中毒的問題。幾乎每個人都不知道自己的酒量如何，因而不斷地喝酒。所以，爲了要過幸福的生活，最好是明白自己的底限。

我推薦各位使用這種方法來了解自己的酒量。在體調佳的日子，拿出自己喜歡的酒，例如啤酒、清酒、威士忌等，慢慢地喝。酒要充足較好。如果太少，在不知不覺中會飲酒過量。

配酒的酒菜，像是烤魷魚等就非常好。把太太當作談話的對象。覺得「想要再喝一瓶」時，就是飲酒適量的程度。

我自己非常清楚，可是，就是常常無法堅持。這時，由於太太在場，比較能夠嚴格地判斷。數次下來，就可以找出適度的酒量。依自己的酒量飲酒，一定可以喝得很愉快。

在醫院和醫院的候診室，不要談疾病

退休之後，必須要尋找醫生。找了好幾家醫院，健保卡必須要變更，非去醫院不可。在候診室中，經常可以看到好幾個老人。從這光景中，就可以了解到，目前的醫療對象以老人較多。我坐在角落裡，聽到一位七十餘歲的女性在說話。

「大哥，你是哪裡不好？」

「每個地方都不好，不過，我到這裡來，是爲了看前列腺。」

「我的先生也得過這種病，不容易治療。」

「即使治不好？也希望能夠減輕……。」

「即使動過手術也治不好，甚至連小便都排不出來。男人的問題也眞的很多。」

也許和這位大哥很久沒見面，碰到也眞不錯……，可是，在這之後，……，說的都是疾病的事情，例如，腰痛、膝痛、心臟不好，談到內容都是關於疾病的事，而且是高齡者特有的症狀。這時候，旁邊的人也開始加入話題中，說：「我的病呀！」「要治療這病，採用漢方藥最好」，所聽、所聞，全是有關疾病的。

接著，就開始批評醫院，「這種病要到哪家醫院較好」、「哪裡的醫生不行」。大家都在發言，究竟哪一種說法正確，根本無法判斷。最後，大家都把自己的想法強加給對方，讓人有點兒受不了。

到街上的醫院去，可以看到老病號在那裡講個不停。這些人說是來看病，不過，看樣子是來拿藥，順便在這裡打發時間。候診室就像是老人的沙龍。新來的人是被朋友拉到這裡的。

這裡的話題，不是講附近的人的閒話，就是談疾病，盡是些沒營養的話題。來這裡看病，可以發覺這裡每天有不同的派系，他們會講其他人的壞話。

話就這樣傳來傳去。我都是選擇候診室人最少的時間來看病。有時候，也會遇到「老病號」。此時，我會稍微跟他點一下頭，打個招呼，就拿起自己的書來看。我不想和他閒聊，因爲病是自己的。對於疾病的判斷，應該由自己和醫生來進行，不需要告訴外行人。

達觀是健康的秘訣

人上了年紀之後，就很麻煩。身體開始疼痛。其實，再怎麼樣精密的東西，像飛機，也會出現金屬疲勞。更何況是人的身體呢?想到這裡，我就可以稍微忍受一些疼痛。

稍微有點膝痛，就上醫院。找過好幾家醫院，可是，就是沒有找到自己能夠接受的。最初被診斷是老人性的退化，知道這是無法痊癒的，還是認命比較好。「攀草求援」是年輕人應有的想法，可是，到了年老以後，還是要達觀些。

請你不要誤解，不是完全放棄，只是不要做無謂的努力。

高血壓、動脈硬化等，都是非常可怕的疾病。各位要注意預防和治療。隨著年紀增長，血壓會升高，血管和身體的肌肉會變硬。當然，動脈也會變硬。

的確，成人病會致命。自然的老化是無法防止的。對於衛生所所列舉的各種成人病的預防，我認爲要打一點折扣。因爲預防和完全治癒是不太可能的，有這種想法才是明智之舉。頂多只能夠延遲高血壓、動脈硬化等的發病，使其進行變緩。

要注意平時的飲食和行動。這麼做有助於減緩成人病的發病和進行，慢慢地迎向死亡。我認爲，周圍的人幾乎都有成人病。其實，死亡本身就是一種進行中的成人病。人終究是要死的，我們對於這種成人病都束手無策。雖然會有點難過，覺得不舒服，可是，只要經過一段時間，認命之後，反而能使自己恢復健康，更有元氣。

我本身就有好幾種成人病，但是，一點兒也不驚慌。對於長年被我酷使的身體，即使它發出「我也想要休息」的訊號，其實，也不必過分在意。上下樓梯時，膝蓋會疼痛，腰部發出怪聲，或出現耳鳴的現象，我皆視其爲住在身體的鄰居一樣。對於病毒性的疾病，或是可以在早期就發覺到的腦血管問題，都可以儘早處理。如果出現關節炎和耳鳴症狀時，也不需要太過執著。

生活最好要向前看，稍微認命些，這是健康生活的秘訣。

男性要輕，女性要壯

人類的壽命已經延長至八十歲了。退休後的人生，因此變得漫長，所以，必須要重新規劃人生。不過，男女的壽命之差卻沒有改變。超長壽的社會，女性會比男性長壽六歲。平均夫婦的年齡差，男性比女性年長四歲，女性在先生過世之後，必須要獨活十年。

這種壽命之差，也成爲了現在的社會問題。主要是看護的問題，全落在妻子身上。換言之，國家要在行政福利方面，考慮到看護工作的問題。但是，這問題必須仰賴太太。

在家庭內的照顧方面，最主要的是受照顧者的體重問題。有食慾而臥床不起的老人，臉色佳而肥胖。身爲照顧者的太太們，都是小個子，非常瘦弱。這麼小的體格，要搬動那麼重的先生，實在是很吃力的一件事。看到這種情形，我深深覺得，男性的肥胖，似乎是在整太太。

你看，這個時代已經要到來了。男性必須減輕體重不可。如果不那麼胖，成人病的進行也會減緩，症狀也會減輕。相對的，女性則必須再長壯些。不只是爲了看護，平常在家事和購物方面，則會有某種程度的臂力和力量。

去購物時，當妳買了二瓶牛奶，重量達二公斤，可是，先生卻還在上班，白天無人陪；冬天裡，甚至必須買煤油，都需要強勁的臂力。整理家務事，也要有力量才行。因此，無論如何，女性必須要長壯點才行。到超級市場購物，並不是每一次都可以和先生兩人一起去的。否則先生退休後的二十年，不，對女性而言，是三十年，可能就無法健康地生活了。

男性要輕一點，女性要壯一點。這也就表示，夫妻二人要有肌肉質的身體。如果爲了體重，而想要控制飲食，是不行的。但是，也不要像摔角選手，擁有一坨一坨的肌肉。只要保持人類原有的體型和肌肉即可。

唯一的辦法，就是運動，讓自己健康。

藉著運動來消除肥胖

長期以來，因爲肥胖而感到煩惱。自從國人的飲食改變之後，我就開始發胖。有一陣子，甚至胖到九十六公斤，很早就被醫生宣告罹患高血壓。

曾經嘗試過數次減肥瘦身，每次都失敗。爲了要減肥，而不吃脂肪，完全吃「去脂的食物」，或極力減少鹽分的攝取（去鹽），不吃主食（去除飯），甚至杜絕了酒精類（捨酒）的食物。另外，也曾經持續食用蒟蒻，以蒟蒻和蘋果爲主食。嘗試了許多的減肥方法。

甚至也吃藥物來分解澱粉，併用食物控制和漢方療法，結果發現，以食物控制和漢方療法的效果最好。花了十六萬元，進行半年的瘦身減肥，成功地減輕了十五公斤。

但是，所付出的代價是缺乏體力。三個月後，體重減輕了。每天量體重時，發現減了五百公克，可是，臉色也愈變愈白，而且，爬不上樓梯。公司的同事都說：「你的臉色不好哦！是不是哪裡有問題啊？」最後，終於放棄了。爲了要從營養不良中恢復，就拚命地猛吃東西，三個月後，又恢復成原來的體重，甚至還增加了二、三公斤。減肥瘦身終告落幕了。

「捨酒」也很有效果。自從不喝酒以後，半年內減了七公斤，體調和肝臟數值情況也都不錯。另外，也省下了酒錢。這種消極性的方法是最好的方法。可是，我的意志力薄弱，無法持續進行「斷酒療法」。

此外，我還採用了月見草和上海產的「瘦身茶」。雖然持續飲用，可是，卻沒有產生效果。「去脂」，使我的皮膚變得粗糙。

目前正在宣傳的減肥瘦身法，我幾乎都嘗試過了，可是，現在還是很胖。

現在，必須不斷地吃瘦身減肥的食物，才能夠產生效果。如果不運動，也是不行的。

當時，我知道「啞鈴運動」的存在，直覺地認爲這方法好像行得通，試著搭配使用。提倡者是筑波大學的教授鈴木正成醫師。我前去採訪他時，他把具體的方法、想法，和有關營養和運動的理論都傳授給我。實行以後，我發現很有效果。三年來，一直持續進行，沒有間斷過。

利用啞鈴運動，過著健康的生活

何謂肥胖？有所謂的「瘦的肥胖」，即體型非常苗條，但是脂肪多，缺乏正常的肌肉。最近的醫學發現，體內的脂肪含量會比體重的問題更大。內臟中附著大量的脂肪，容易引發脂肪疾病或肝病。體內之所以會有很多脂肪，是因爲運動不足。想要健康地生活，就要減少體內的脂肪，這一點很重要。

肌肉能使體內的脂肪燃燒。對人類而言，所謂的基礎代謝，即心臟、肺臟肌肉運作時，所消耗的能量。肌肉這內燃機關，消耗了最多的熱量。

爲了讓熱量的消耗更加有效率，可以利用啞鈴來做運動，以增加肌肉。有女性問道：「從事啞鈴的運動，會不會像健美先生一樣，擁有發達的肌肉呢？」一般的健美先生，每天要運動四個小時左右，練習舉起數十公斤重的槓啞。攝取營養的方式，也是經過指導者指示的。利用一般的啞鈴，進行上下運動，不可能會像健美先生一樣，擁有發達的肌肉。

而且，運動的時間，最初一次只要進行三、四分鐘，但不能中止。每天在相同的時間和場所來進行。

最有效的時間是，午飯後二個小時左右。不過，我都是早上起床時，在床邊做。尤其有工作時，根本不可能在午後進行。第二種適合的時間，是在睡前。但是，我都會因喝了酒或太疲倦的因素，只能在早上進行。

接著，是關於啞鈴的選用方法。

鈴木教授指導的人很多，只好指示「男性二、三公斤，女性一、二公斤」。其實，要依照個人臂力，選用不同的啞鈴。

把啞鈴舉到肩上，在肩的上下做舉的動作，採取普通的呼吸法。呼吸要配合手臂的上下運動，有節奏地進行。如果這運動超過了自己的實力，很可能會傷到身體。

接著，要配合以下的練習：

①肩上的手臂彎曲伸展＝選用啞鈴來進行。雙手拿著啞鈴，舉到雙肩之上，雙手交

互地，慢慢地做手臂的上下伸展彎曲動作。……………………十次

②身體前傾，手臂彎曲伸展＝上身往前傾，雙手抓著啞鈴垂下。接著，彎曲手肘，把啞鈴舉到胸前，再放下。彎曲伸展手臂時，手腕朝內側彎曲。上身前傾時，要伸直背部。如果不伸展背部肌肉，就會傷到腰部。……………………十次

③抓住用具，膝蓋進行彎曲伸展＝雙手提著啞鈴，膝蓋進行彎曲伸展。如果失去平衡，腰會彎，所以，在進行時，要挺直背部和腰。……………………儘可能地做

④手肘彎曲，前臂開閉＝雙手握著啞鈴。啞鈴和地面保持垂直，做合掌的樣子。雙手夾緊，做手臂的橫向開閉。……………………七次

⑤仰臥做上下運動＝躺在地板上，雙手將頭部撐起，腳部上下舉動。放下時，不可以放鬆，要保持腹肌的緊張感，進行緩慢的鬆弛動作。腳不可以碰到地板。不需要使用啞鈴。……………………每隔一天做數次

⑥膝之間的上臂彎曲伸展＝上身往前傾，膝蓋彎曲。單手拿著啞鈴，空著的另一隻手，放在膝上。採取握拳的要領，彎曲手腕，並伸展。……………………十次

⑦體側的手臂彎曲伸展＝垂直站立，握著啞鈴，垂在體側。此時，雙手同時交互進行，沿著身體的側面，啞鈴上下舉動。……………………十次

習慣之後，可以慢慢地增加次數。覺得啞鈴較輕時，可以增加重量。不可以勉強，不要焦躁，要持續下去。

第4章——一旦想到就要立刻執行的健康生活

「一旦想到，就要馬上實行。」這就是退休後，健康生活的秘訣。在家裡或社區……，不妨嘗試一下。

剛開始和太太交談

退休後，要過著愉快的家庭生活，就要和太太保持良好的關係。如果關係不佳，即使外人以爲你們是神仙眷屬，生活還是會很寂寞。如果無法和最親近的人維持良好的關係，和社區的關係，就更不必談了。

到目前爲止，你和太太的交談有問題嗎？

「我所有的注意力都放在公司上，幾乎很少注意到太太。」「和朋友交談，可是卻很少和太太談話。我家那個……。」「幾乎很少聊，而且，沒有什麼話題。」這樣的人很多吧！

如果眞是這樣，那可不太好了。以前可能是生活背景的影響所致，可是，現在非改不可了。二個人的生活，如果沒有什麼共通的話題，每天大眼瞪小眼，眞的是毫無生氣。太太在織毛衣，先生就在角落看報紙。往後可還有漫長的時間呢！這種情況就好像被拷問的狀態，非常辛苦。爲了逃避，一早就開始喝酒，很快地就會走進死亡。萬一你生病或有病痛時，安慰你的，還是你太太。有些人可能會說：「不行，不行，我家那口

子……。」難道你不了解體貼的重要性嗎？

在此，我要推薦一種方法，現在實行還不遲。首先，試著和太太打招呼。早上起來時，可以對太太說：「今天天氣不錯哦！」如果你以前從來不曾這麼做過，你太太可能會驚訝地看著你。但是，不要在意，也許這正是你們展開交談的開始。

或許你會說：「這種話我不會說。」可是，你在上班的地方不是這樣嗎？當你上班和客戶約談，或是在酒席上，工作聚會時，不都是這樣和別人交往的嗎？如果在工作場合可以靈巧的運用，那麼，退休後，也可以繼續做。

在家中會比在公司來得容易多了。而且，不需要覺得「不好意思」，要主動地和太太說話。即使太太覺得很訝異，也只是暫時性的，不久後，就能輕鬆地接受了。不只是態度，你的言談表現也會變得更好。當然，並不是說要你做表面上的寒暄，只是進行普通的會話，這有助於在日常生活中，了解彼此的想法。

如此一來，你們就可以享受長遠的生活樂趣了。

回到結婚前的你

「那時候，真的非常愉快。已經很久沒有想到，先生會伸出手來扶我。在那一瞬間，我可以感受到他手的溫暖。」

我在採訪退休後，夫妻之間的感情問題時，有位太太告訴我這件事。有些人告訴我：「連先生碰到我的手，我都會覺得不舒服。」那時候，我真的覺得很不可思議。某一次，太太和先生們組團，乘坐巴士去旅行。大家欣賞著風景，享受著美食。到了集合時間，要回巴士車上時，剛好有個小水窪，先生很輕鬆就跳過去了，太太卻有點遲疑。此時，先生伸出手來幫她。

這位太太說：「在整個旅途中，先生都不太喜歡說話。我問他一些事情，他也只是嗯嗯地回答。那時候，我在想，先生眞是無趣。可是，沒想到他竟然會伸手扶我，眞是太令人驚訝了。不論如何，我眞的很高興。」她邊回憶，邊對我說，不禁又笑了起來。

和先生長年生活在一起的太太，怎樣看待她的先生呢？對於這個問題，我十分感興趣。參加團體旅行時，除了太太之外，其他人都不太認得。雖然可以保護太太，卻不知道要如何和太太交談。

就在此時，看到太太有困難，馬上行動，伸出手來。

請你回想三十年前的情景。結婚前，你如何對待你的太太呢？你爲她拿重物，爲她穿上大衣，爲她買電影票，計劃你們的出遊，拚命地找出各種話題和她談，不是嗎？

也許有人會說：「我們是相親結婚的，完全是遵照父母親之命而決定的。」從相親到結婚，情況也是相同的，不是嗎？

爲什麼不再做了呢？不要告訴我，今時不同往昔，就可以不做了。

結婚之前，你認爲「這個人是最重要的」。這麼多年以來，你還是應該要這麼想。退休後，開始創造新家庭生活時，要回想結婚前的情景。再一次嘗試行動吧！

二個人的生活，不需要覺得害羞

前述這位太太的話，開始讓我思考。我自己又是如何呢？

從一年前開始，我嘗試這麼做。

首先，主動和太太說話。剛開始時，當然會結結巴巴的。不過，時間一久，也就習慣了。交談也變得平順多了，甚至說得太多時，太太反而會說：「你可不可以安靜一下？」我很健忘。有時候，連自己講過的事都忘記了。可是，卻沒有辦法……。

當太太和我說話時，我也很用心地立刻回應。如此一來，我們的交談順利多了。

接著，我也嘗試觸碰太太的手。她告訴我：「覺得手有點兒痛。」我問她：「是怎麼樣的痛法？」我摸著她的手問：「哪裡？哪裡？」習慣之後，太太很自然的，讓我牽著她的手。

我也嘗試讓太太觸摸我的肩膀和背部。習慣之後，我試著從後面抱著太太。剛開始，她覺得不習慣，慢慢的，我又看到她的臉色變得開朗多了。對所有的野生動物而言，肌膚之親似乎是最好的溝通方法。社會生活佔了很重要的部分，可是，這種身體的接觸，更是重要。

也許，你會覺得可笑。就好像又回到結婚前的情形一樣。年輕時，二個人會覺得不好意思。想想，到底爲何覺得不好意思呢？可能是害怕在別人眼中，成爲老不尊吧！

現在，孩子都出去了，家裡只剩下二個人。這是一對老夫婦的家庭，是世間公認，在法律上被認可的二人，所以，不需要覺得不好意思。積極地接觸是正常的。如果太太覺得「我受到侵犯」，那是因爲先生的作法錯誤，他必須反省不可。

不要在意別人的眼光。二個人生活在屋簷下，一邊遊戲，一邊進行肢體接觸，對心靈上的溝通來說，是很重要的。

日常生活中，也要說謝謝、請

到美國去旅行時，經常會聽到「thank you」、「please」、「excuse me」。不管是對誰，都會採用這些話。和國內的情形不太相同。即使國外的美國人，也是如此。一起到咖啡廳點飲料時，一定會說：「請給我咖啡。」送來時，很自然地會說：「謝謝。」大概也只有美國人才如此吧！國人很少會這麼做。

我們點東西時，只告訴對方我們要的東西。東西送上來時，也不吭聲，只是默默地點點頭。甚至有人會漠視服務生。

有人說：「在美國，他們認爲客人和從業人員是平等的。因此，付錢、提供物品，彼此的服務就成立。相對的，國人認爲，付錢的人是老大，認爲自己有支配的權力。原本經營者和勞動者是處於相同地位的。可是，勞動者卻要低著頭，付錢的客人和經營者也是相同的情形。」這種說法是否正確，是另一回事。

不過，這樣的話的確具有說服力。

當然，這是在餐廳吃飯的情形。可是，在美國家庭中，也經常可以聽到「謝謝」、「請」。相較之下，國人的家中，很難出現這種情形。

就像在電視中的廣告上，經常會聽到：「喂！茶！」看到的是一對老夫婦相處的情形，可是，這是非常不好的。我認爲應該要說：「請給我茶。」這個請字非常重要。吃飯時，如果需要醬油，應該要說：「請給我醬油。」買東西時，如果太太們能夠加上「請你給我○○」，就可以改變當時的氣氛。送上來時，說：「謝謝。」

本來你只是坐在那邊，沒有任何事。可是，卻叫道：「茶！」對方可能會回答你：「你自己去拿」。

和太太相處時，要嘗試說：「謝謝」、「請」。對別人也要說：「謝謝」、「麻煩請你○○？」在日常的生活行動中，猶如潤滑劑一般。當然，太太也不能夠有類似的情形。例如，先生給你生活費時，妳也應該對他說：「謝謝」。現在，這種情形已經沒有了，因爲都是匯入銀行的帳號。

一句「辛苦了」，成爲生活的潤滑油

上班族拖著疲倦的身體回來，太太聽到關門聲，圍著白色的圍裙來迎接先生。接過他的公事包，對先生說：「辛苦你了。」此時，先生疲倦的表情一掃而空，精神抖擻。

這是經常在電視上看到的鏡頭，開朗的家庭中，太太迎接先生的情景。美麗的妻子，使疲倦的先生恢復精神，而且，眞正讓人忘掉疲倦的，是那句「辛苦了」。

先生回來時，說一句「你回來囉！」「你一定很疲倦吧！」等迎接先生的話語，會讓疲倦的他覺得「畢竟還是家裡好」。這可以說是使家庭圓滿的三句話。在美國，他們說的是「謝謝」、「請」、「對不起」。

在我國，體貼對方的三句話，就是以上這三句。不過，目前這三句話已經不太爲人所使用了。自己就會因爲這些話，而沈浸在幸福感中。因此，我認爲應該也讓別人體驗那種幸福的氣氛。

太太爲了二個人的飲食，一直在廚房中忙碌。用過餐後，洗畢餐盤，你可以試著對她說：「辛苦了。」還有，太太把衣服晾好之後，你也可以這麼告訴她。如此一來，她的心情一定更加舒適。

絕對不可以用「我也爲了家庭賣力工作」的想法。男性要非常大方地說：「辛苦了。」藉此可以使彼此的感情更加融洽。

雖然這並不是非常哲學性的東西，但每個人的確都背負了重擔。活著會有痛苦的時候，當然也會有悲傷的時候。如果有很多人支持著你，就能度過辛苦與悲傷。若能和最親近的太太彼此體貼、體諒，則退休後，便會更加健康，更有元氣了。

在公司裡，我們會很在意同樣在工作中的人，在外面跑業務的人，受到上司折磨的工作人員等等，會體貼他們，說一些安慰的話語。在家裡，一定也可以做得到。

此時，不要覺得不好意思，只是一句「辛苦了」，就可以使家庭氣氛變得開朗許多。「辛苦了」是家庭生活的潤滑油。

幫忙做家事，從現在開始

有的男人會說：「不，從出生到現在，我從來沒做過家事，不知道要從何處著手。」

一個大男人被要求幫忙做家事時，也會這麼回話。在孩提時代，你曾經拿著抹布，追著媽媽在家中清掃，多少也幫過一些忙。可是，這已經是非常久遠的事了。現在，又必須面對這事情了。

不過，想想看，你在公司裡，又是如何呢？每一個新進人員，都想要嘗試各種職位。你不能夠說：「這種新事物，我一點也不了解。」囚此而不做。到了新的工作環境，必須應對各種新事物。對於各種新內容、情境和氣氛，及前任者所進行的工作，都必須詳加考量，努力地溶入新的工作環境中。

從研究室到營業、總務，甚至是和客戶交涉的工作宣傳、販賣等，都曾經接觸過。你既然能巧妙地應付這一切，那麼，家庭中比起公司嚴厲的作法，對你而言，應該是輕鬆多了。

因爲這是自己每天品嘗、經營過的事。也許有人會認爲「男女有別呀！」並不是只有女性才可以做家事，試著想想，幾乎所有的家事，像料理、打掃、洗衣服等的專業人員，全是男性。料理中的名人、洗衣店、淸掃工作等，料理學校的老師，最有名的都是男性。不論任何家事，男性都可以做得來，只是要不要做罷了。

一旦下定決心想要去做，雖然不知道該從哪裡下手，可是，其實是可以做很多事的。例如，打掃房間和庭院，把要洗滌的衣物放到洗衣機旁等等，都是可以做的事。

要注意的是，不可以侵害到對於家事有「我自己的工作」的太太的意識；再怎麼說，你也只是「幫忙」而已，要在太太的指導下去進行。尤其在幫忙時，也要和太太說話。你可以告訴她，你想要成爲「幫忙做家事的專家」。可是，八成的家事還是太太在做。

幫忙做家事的第一步是陳列早餐的餐具

決定幫忙做家事時，應該從何處著手？不管是打掃或搬運清洗的衣物都可以。可是，男性通常都會以此爲恥。

例如，發誓要戒菸，一定是「從明天開始」，絕不會說「從現在開始」，總是拖拖拉拉的，做家事要從一天的早上開始，這樣比較能夠做到。

早餐時，你有想到什麼可以做的嗎？就是排餐具。一些小朋友，尤其是小女孩，經常在媽媽做早餐時，到廚房去幫忙。媽媽對小女孩說：「把筷子擺在那兒。爸爸的、媽媽的，還有妳的。」孩子非常高興地在排筷子。媽媽會珍視地對她說：「妳做得眞棒！」你也可以一邊看電視，一邊做這些事情。

早上起得稍微早，洗完臉，剃完鬍子，走到餐桌邊。此時，你可以問太太：「有沒有可以幫忙的事呢？」我想，剛開始太太會覺得很驚訝，認爲「你這個人到底怎麼啦？」你不用太在意，還是告訴她：「如果需要幫忙，我來做。」你可以告訴她：「排盤子，我沒問題。」太太可能會想：「即使摔破盤子，只要不割到手，應該沒關係。」而不會拒絕讓你排的。

你可以邊問，「這料理要用什麼盤子？」一邊請求太太的指示，一邊把餐盤、餐杯、湯匙、叉子擺好。如果是中式料理，就用碗、筷、小盤子。一邊注意太太在做的料理，就可以知道今天吃的是什麼菜。特別要留心的是，不要影響到太太的注意力，否則，她可能會認爲「你雖然有心幫忙，卻會造成我的困擾」。原本打算幫忙做家事，卻因此而弄巧成拙了。

你的目的是要有更長的時間和太太相處，這只是第一步而已。

把料理端到飯桌上

用餐的餐具擺好後，接著就是盛料理。從鍋中撈起煮好的料理，裝在盤中，再拿到飯桌上。如果料理不先盛盤，是無法端到餐桌上的。有重的鍋子需要拿到飯桌上時，你可以應用自己的力量，幫忙太太搬運。

一邊問說：「要放在哪裡？」一邊搬運。當然，不要忘了在鍋子底下墊墊子。男性經常不夠細心，而把熱的鍋子直接端放在桌上，把飯桌燒出一個痕跡來，白白挨了太太的責罵。她會認爲「這個人還是不行」，所以，要避免發生這樣的情形。

把放入微波爐加熱的東西，裝盛到盤中，再擺放在桌上，看太太做得易如反掌，可是，其實做起來有點困難。通常微波爐的空間並不很大，因此，從中取出東西時，不是那麼容易。此時，要一個盤子、一個盤子地拿起來裝。這種平常不注意的事情，做起來會很有樂趣。

搬運的時候，注意不要濺出來，浪費掉的菜餚是很可惜的。如果看到這種情形，太太多半會認爲：「這個人畢竟是不行的。」

搬運料理的時候，避免濺出來的秘訣是，走路時，腳步要寬。如果走道上有障礙物，是很容易濺出來的。因此，在搬運之前，要確定放置的場所和角落寬廣。只要小心、謹慎，湯汁就不會濺出來了。

男性已經非常習慣按部就班的工作，尤其在公司的工作上，資料的處理、文書的處置等，都能夠處理得有條不紊。

在家事上，也可以這麼做。排好餐具之後，嘗試裝盛料理。將飯從飯鍋中，盛到碗內，「好燙哦！」這也是沒辦法的事。當作你長年以來，不幫忙做家事的懲罰吧！此時，你的太太可能會說：「你眞的不行。」一邊拿起飯勺、湯勺，一邊盛給你看，並且告訴你：「你知道嗎?味噌湯是這麼舀的。」

這時候，你可以回答：「沒關係，馬上就會熟練了。」繼續學著做，很快的你就學會一項新的工作了。此時，你會相當高興。

別忘了說「我要吃飯了」、「我吃飽了」

天下無難事，只怕有心人。我們對於自己所做的事，會給予很高的評價，可是，對於別人所做的事，卻又毫不在意。

我們經常會忽視一些已經習慣了的行動，不認爲別人是爲了自己才這麼做的。認爲對方只是在工作，覺得那是理所當然的事。

現在，剪票已經自動化了。由人工來剪票的情形，並不多見。只要將票置入剪票機即可。所以，這些動作可說是毫無感情。

通常，上班坐電車，剪票、驗票都是理所當然的事，根本毋須任何考慮。付錢時，也沒有任何感謝的情緒。在上下班時間，人潮擁擠時，會有一些工作人員，負責把擠不上車的乘客，壓入車內。

剪票口處，常會有工作人員坐在那裡。如果有乘客對他說「謝謝」，他會顯得相當驚訝。這些工作人員，每天都坐在剪票口處，對乘客不斷地說「早安」、「謝謝」。

太太做飯也是相同的情形，認爲「太太做飯，是她的工作」，視爲理所當然，所以拿起筷子就吃。

可是，不要忘了，太太是爲了你，才做這頓飯吃。假日時，經常可以聽到太太們在談天，說道：「先生在家，所以，我必須做午餐。如果只有我一個人，吃剩飯、剩菜就夠了。」太太做飯的目的，由此可知。

國人在用餐時，最能夠表達感謝的話語，就是「我要吃飯了」、「我吃飽了」。在國外，他們吃完後，會說「謝謝」或「眞是非常美味」，以表達他們的感謝之意。至於符合我國國情的寒暄話語，就是這些了。平常在家中，也可以常常使用，不要只在外面喝酒、用餐時才說。

喝酒時，最好坐在廚師前面來看

一個男性在開始要做某件時，會非常熱心。要打高爾夫球時，也會仔細地詢問。被問的人都覺得煩不勝煩。要畫畫時，會購買畫筆和調色盤；釣魚時，會買魚竿；慢跑時，會買慢跑鞋和各種道具。因此，當男性對於某樣事物感到興趣時，會去收集道具。不過，放棄得也很快。畫筆會到處放，在倉庫裡就有好幾枝魚竿。在狹窄的空間裡，太太看到這些東西，就會生氣。

先生已經有這麼多的「前科」，如果對太太說：「我要開始學做料理。」而買了好幾把菜刀，那麼，太太不得不擔心，小小的空間中，容納得下這麼多把刀嗎？購買道具之前，請先磨練你的技術吧。尤其退休後，收入有限，必須節約。與其注重道具，不如注重實際。

或許你會說：「如果不做做看，怎麼知道自己有沒有這樣的技術呢？」此時，可以把握到「料理店進修」的機會。到料理店或酒店喝酒時，不要錯過這種機會。

在小店面中，那些廚師經常會在你面前做料理，材料的切法、調味料的調配、烤

法、煮法，都會呈現在你眼前，要仔細地觀看，記住要領。甚至可以和廚師交談，聽取其秘訣。一旦和他成爲朋友，還可以問出在哪裡可以買到這些材料，說不定他還會主動告訴你這些要領。

例如，當你問說：「料理眞好吃，請問是用什麼樣的高湯煮的？」廚師會大概告訴你：「是用昆布和鰹魚屑煮的。」

此時，你可以繼續說：「我也這樣煮過，可是，一點也不好吃。它的比例要怎麼取捨，才會好吃呢？」他可能會教你：「大鍋子內放進十五公分的昆布，加水，煮到快滾之前，撈起。沸騰之後，再抓一把鰹魚屑，放下去煮沸……。」

當然，家中不會有那麼大的鍋子，所

以，你可以採用半量，試著自己煮看看。

家庭主婦大都依照菜單上的料理材料及製作方法來做。男性製作的方式會比較粗獷，是利用推理的方法來做的，可以從酒店打聽得到。邊喝酒，邊學習，不是很好嗎？

從專家那裡竊取料理的秘訣

在專業的世界，有這種說法，即觀看前輩的作法，來竊取工作要領。其實，不是由別人教的，而是觀察別人的工作，記住要領。

在工作方面，若能巧妙地盜取前輩的工作技巧，便能快速地升遷。繼承前任者的工作，雖無法完全勝任，可是，藉由模仿同業的作法，得以提升工作的成績。這不只是限於工作或職業上而已。

料理方面，也是如此，由於味覺會有個別差異，所以甜辣的感覺有微妙的差別。一小撮鹽有何味道，在料理上有何效果？這是無法清楚說明的。

注意自己所喜歡的味道，了解它是如何製作的，再去嘗試。尤其當我還在工作時，爲了應酬，經常會上高級的料理店，甚至會去法國的料理店。當我吃到美味的料理時，除了讚賞廚師，還會向他們請教製作的情形。當然，高級的料理店，很難詢問出什麼來。不過，小的店卻會詳細地告訴我。然後，我會實際地做做看。藉由此，我對於料理的了解，更加深入了。

必須仔細地記住刀子的使用方法、鍋子的用法、材料的準備等等。回到家後，開始嘗試著，實地做看看。

無法保證一定能做出美味的料理，總是覺得好像「缺乏了什麼」。身爲外行人，想要做專家的工作，當然是不可能。覺得好像「缺乏了什麼」的時候，再去詢問專家，嘗試錯誤來做料理。失敗當然是常事。畢竟，外行人的料理不會很純熟。

即使沒有實際做料理，如果能夠記住專家的手法，要馬上拿起刀子，一點也不困難。

不只是料理，甚至像洗衣店老闆燙衣服，家電老闆修理家電，都要仔細觀察專家們的手法。記住工作的步驟，萬一在必要的時候，就非常方便了。記住這一點專家們的技法，絕對錯不了。

把磨菜刀當作是自己的工作

刀口非常俐落的生魚片，切得非常整齊的醬菜，和可以生吃的各種料理材料，會使做出來的料理備覺美味。用餐時，姑且不論味道如何，視覺也會產生很大的影響。換言之，材料切出來的樣子，也會影響其口感。做味噌湯時，切成絲的蘿蔔，吃起來就會覺得很美味。如果切得太粗或太長，甚至長短不一，即使高湯的味道很好，卻沒有使用很好的味噌，吃起來的味道也會減半，因此，材料的事前處理是非常重要的。

前置作業，最重要的是菜刀的切法。有名的料理家說，他們在做材料之前，要花三個小時來磨刀。就像武士在磨劍一樣，對於做出來的料理的味道，有很大的影響。這是非常重要的作業。

在家中，每天的生活都非常忙碌，通常沒有充分的時間磨刀。刀子鈍得無法切東西時，才會想要去磨。這種刀子切斷的材料，一定不整齊，想必太太在做料理時 一定覺得不順手。

如此，自然無法做出美味的料理。不論肉、魚、蔬菜，用鈍的刀子來切時，會使其細胞碎裂，美味流失。或是當和其它的材料混合在一起時，不能夠做出美味的料理。

菜刀的切法可以決定料理的味道，所以，菜刀最好要磨過。太太們多半把磨刀視爲令她們頭痛的事。因爲磨刀時，不只是要用力道，而且，還要講求刀子和磨刀石的角度，眞是非常麻煩。

對女性而言，是相當棘手的工作。但是，對男性來說，正好相反，他們十分擅於處理刀子。這麼說來，男性是不是應該把磨刀當作是自己的工作呢？

磨好刀子，讓先生來使用，也許太太看了會說：「刀子太利了，好可怕哦！」可是，這樣可以讓她在做菜時，更加輕鬆而順手。退休後，可以充分利用時間來做家事，討太太的歡心，這也是一起快樂生活的秘訣。

有些男性對於這方面非常在行，甚至還講究磨刀石。「我們家的磨刀石不好，不知道有沒有更好的磨刀石？」到處逛「五金百貨」，或是超級市場的ＤＩＹ用品部，在這裡尋找各種新的家庭道具。

一把菜刀，很可能會讓你找到各種新的樂趣。

爲了享受料理節目

美食時代已經流行很久了。很多人都對料理有興趣。電視上經常有各種料理的節目，這些節目很受歡迎。

一般料理的節目，是有關於料理專家的介紹。甚至還有介紹各地有名的料理的節目，除此之外，也有以食物爲主題的專題報導。這些富於變化的節目，即使是男性，也會感興趣。

新聞報導也一樣。不論任何新聞報導，一週都會有一次正統料理的介紹。其中刊載著各種料理的創意，也接受許多人投稿。料理的介紹，十分多樣化，尤其是各種雜誌，經常會刊載有關料理的廣告。有些人看到廣告，就會去購買。

幫忙妻子的第一步，就是料理的選擇。此時，千萬不要錯過介紹料理的節目，而且，使用當令季節的材料，會比較便宜，可以馬上應用。另外，也可以觀看電視上，製作者的手法，當作參考。

你可以透過電視，看到材料、產品，及製作過程。其缺點是顯示材料的時間太短，沒有充分的時間可以記下它的分量。這時候，你可以購買這節目的食譜範本，以供參考。

爲了補足這個缺點，你也可以閱讀報紙。關於料理的文章，其排版並不是很理想，有時會搞不清它的順序，不過，閱讀數次後，應該就能掌握其分量了。

料理的味道會因人而異。即使是依照電視、報紙、雜誌上的食譜來做，可能還是會覺得口味不合。這時，你可以稍微動點腦筋，下點工夫，做一番調整。

一邊享受製作料理的樂趣，一邊享受美食，而且，還可以請別人吃，這也算是一種趣味。雖然有時做失敗，會浪費了材料，不過，反覆再做幾次以後，效果就會出來了。一邊看電視，一邊要記下它的分量和材料，實在是太緊張了，倒不如將其視爲娛樂節目，不知不覺中，自然就可以記下來了。如此一來，便會成爲有益的節目了。

利用打棉被，鍛鍊高爾夫球技

陽光普照的日子，幾乎每個家庭都會傳來「拍拍」聲。大家都把棉被拿出來曝曬，拍打棉被上的灰塵。這是日常的家事之一，經過曝曬的棉被，有「陽光的味道」，蓋起來非常舒服，讓人很容易入睡。那種感覺，眞的是很幸福。

另外，拍打棉被具有提升高爾夫球技的作用。假日時，到高爾夫練習場練習揮捍，不見得會如預期的那麼有效果。

一些運動選手說的練習，「也是在練習的時候才進行」，其實，平常就可以用心而有效地活動身體。

如果煩惱打出去的球不夠遠，想要延長球距，可以利用平常曬棉被時，多多練習。

實際拍打棉被，需要用到很大的力量。不斷用力拍打，灰塵也會不斷彈出來，雖然覺得很髒，可是，的確能夠提高高爾夫球技。利用拍打棉被，訓練手腕的力道，練習各種球技，可是，不要練習過度，以免導致手腕疼痛。

這些方法是我和拳擊會的會長在談話後，所得到的創意。會長說，他每天拿著雞毛撢子，淸理家中的各項傢俱。手臂不動，只以手腕快速移動，做上三十分鐘。他說：「這相當於十個回合的時間。」這給了我很大的啓示。

除此之外，還有很多可以強化手腕的動作。例如，陪太太去購物，幫她提東西。掛在手上時，手腕要保持往內側彎曲的姿勢。不僅可以讓太太高興，又有強化腕力的效用，具有一石二鳥的效果。

現代「退休後男子的三界，不僅限於家」

讀到這裡，或許有人會說：「怎麼這樣？退休以後，在家過日子，好像凡事都要討妻子和孩子的歡心不可。」也許正如你所感覺的一樣。

你會感嘆：「眞是討厭，爲了家人拚命地工作，卻還要這樣。」只不過，這的確是事實。

退休前，除了假日之外，一整天不是上班，就是打高爾夫球。我也是如此。幾乎很少長時間和孩子接觸，全部交給太太處理，讓孩子給媽媽照顧。甚至，連孫子都不認得自己了。

此時，你會對這個世界產生厭惡感，覺得寂寞，甚至覺得「可能離婚了，反而會比較幸福」。

因爲工作所導致的問題，現在已經浮現了。不要認命！對於鄰近地區而言，你是一個新加入的成員，所以，必須謙虛地和他們交往。如此，他們會說：「那一家的先生不錯。」很快的，就能夠接納你了。

反之，如果你非常驕傲，受到不好的評價，別人會說：「那一家的太太不錯。」社區多半是以主婦團體爲主，一旦你的風評不佳，她們便會對你的太太說些批評你的話，造成你的困擾。

不過，這並不表示要你過著卑下的生活，只是要你像從前上班時一樣，照著回到家裡的樣子生活而已。退休以前，沒有「我的根據地」的感覺；退休以後，回到家中只是睡覺，很少外出。

我和一些幾乎很少走出家門的朋友談話，聽到他們說：

「太太希望擁有自由的時間，要我出去。」

「上班不在的時間，她們多少還有些自由。」

朋友也注意到了太太的需求，因此，經常會找我去喝酒。談論各種話題，也從這裡得到了「主婦的意識調查」的各種知識。

退休後，如果能夠有所覺悟，反而能夠拓展你的生活圈子。

積極參加會費便宜的自治團體所主辦的活動

「事實上，我在八月份就要退休了。可是，一直都沒有待在家中，還是到處跑，所以，對我的太太來說，我還是沒有退休。」

在九月末，我遇到了Q先生。當時，剛好是夏末，在涼風徐徐吹送而來的公園裡，我坐在長凳上，看著噴水池。

坐在隔壁凳子上的，是一位穿著西裝的男性，他正盯著附近的鴿子看。現在並不是午休的時間，他可能是擔任外勤工作的營業員。這時，我搭訕說：

「你好，這樣似乎比較輕鬆……。」

他好像有點驚訝，可是，還是回應了我的話。他的領帶繫得非常端正，深咖啡色的公事包中，放著週刊、雜誌和地圖。

看起來好像要到什麼地方去似的。他一大早就從家裡出來，到他以前上班地方附近的公園，而且，還買了便當。遇到下雨，就搭電車到處逛。

在我退休以前，有一段時間就像Q先生一樣。當時，也覺得有點擔心，於是，我想出了對策，就是參加自治團體所舉辦的各種活動，接受生涯學習的課程，另外，還參加了電影、戲劇、音樂會等等的活動。一般的公家機關在辦活動時，動員的人數愈多愈高興，尤其是讓退休後的閒人參加，他們會很高興。由於他們是靠養老金生活的，因此，必須注意自己的支出。

要維持收支的平衡，參加自治團體所舉辦的活動，非常有幫助，而且，支出的費用不多。各種講座一年只要花一五〇〇〇元日幣，演奏會、舞台的租金也很便宜。

另外，一些自治團體會在各種會館，發表各團體的學習成果，如果能得到某些大人物贊助演出，幾乎都可以不需要花費什麼。除此之外，由於縣政府、市政府的監督指導，因此，一年之中，大約有數次的設施參觀會或講習會、報告會議。

自治團體也要提出各種書面報告，這些都需要些許的交通費。上班的時候，每天往返於公司和家裡之間，幾乎不了解自己所居住的環境，究竟是什麼樣的地方。現在，則可藉此作深入的了解。

探查身邊的各種事物，是一件非常有趣的事情。請你嘗試看看。

培養成為義工的技術

我最後的工作場所是東京新聞生活部門中的「電話談話室」。這是讀者和生活部門直接連線的一個單位。有時，我也會接聽電話，回答這些打來的電話。

讀者打來的電話內容各式各樣，例如，「最近，眼睛看不清楚」、「覺得頭痛，去看醫生，卻沒有治好。能否提供有效的漢方或民間療法」等等有關身體的困擾。或是「浸漬梅乾，卻長霉，請問有沒有對策呢？」「我採摘了許多花梨，不知道有何利用方法呢？」都是關於日常生活的事物，或是對公家機關的不滿等等。

我們這部門的人，都要輪流接電話。我在一個月內，平均要接二次電話。在這之間，曾接到「我現在處於憂鬱狀態」或是「我不想再活了」的電話。關於這些心理問題。我是外行人，無法提供有如精神科醫師般的治療，不過，我會非常用心地傾聽他們說話。

當我到神戶去採訪阪神大地震的新聞時，在一個小的避難所，遇到一個七十五歲的女性。她孑然一身，一副茫然的表情。我問她：「這一次，發生了很大的變故，請問我是不是能幫上什麼忙？」她只是望著我，我也默默地看著她。不久，她終於開口了，說：「你從哪裡來的呢？」於是，開始了她漫長的談話。關於地震、她的家人，及她所飼養的貓。而且，敘述她所見到的各種慘狀，有如歷歷在目。

我只是默默聽著，或點點頭而已。大約過了一個小時，她稍微休息，說：「記者先生，我已經沒有關係了，我會努力的。」也許，就是「電話談話室」和阪神大地震的體驗，讓我學到了諮商的技巧。如果在神戶的避難所，我採取了不同的應對方式，也許會造成這位女性很大的心理傷害。

現在，大家都知道，在看護的福利方面，義工是非常重要的。如果不注意，可能會產生不良的後果。我必須要努力地學習，否則就無法當義工。在各個自治團體中，也召開了講習課。只要有時間，退休後，就可以參加義工的訓練課程……。

在工作中，可以接受講習的獎勵金制度

大約是在退休前的一年左右，我開始學習諮商的技巧。當我進行各種採訪時，對心理問題，有更加深入的認識。我認爲，這方面的知識，應該要回饋社會。因此，我才決

定學習諮商的技巧。

我不知道要去哪裡學，於是，詢問衛生署、敎育部，甚至東京都內的各個地方，終於找到了勞工處，他們告訴我「日本產業諮商協會」。

這個諮商協會的目的，在於培養企業界的諮商者，解決各種產業、企業界人士的問題，或是工作環境的問題。另外，也包括了企業家的背景、家族和地區等問題，範圍非常廣。產業諮商員不只是針對工作環境的問題而已，而是針對人類社會整體進行諮商的人。

產業諮商員被勞工部所認定。目前，國內諮商員的制度中，是唯一具有公家認可資格的諮商員。

當我得知這項訊息後，就馬上接受這項訓練。我的資格是，能夠半額退費的對象。其制度爲獎勵高齡勞動者的獎勵金。對於中老年的勞動者而言，爲了自我啓發和將來的就職，以及爲了人生的生涯規劃，接受這種半額的講座，還可以得到十萬日元的獎助金。我參加的是日本產業界諮商員協會的養成講座，其費用爲十五萬四千五百日元，對方退給我七萬七千二百五十日元。

參加講座的資格，是四十歲以上的人，直到講習結束爲止，可以加入雇用保險，其費用是由勞動者本身自己負擔。雇用保險的加入，是針對公務員以外的對象。此外，公司派遣的或企業負擔的學員，也不能夠使用這種雇用保險。

由國家負擔半額費用的學習，國民都應該要好好利用這種制度。產業諮商員、保險稅務員、情報處理技術員、簿記的認定、住宅建物買賣主任，以及旅行業務買賣責任者等資格的取得，還有英語檢定、獎狀技術等，都有獎勵金的制度。

通訊教育也有提供講座的情形。一般大的專科學校、協會、組織所進行的各種講座，並非每一個學習機會都有獎助金，你可以詢問附近的雇用促進事業團體，也許可以找到有獎助金的機會。

過了六十歲，也能夠發掘你能進行的各種興趣

經常會有人問：「你的興趣是什麼？」「退休以後，沒有興趣。」的確，興趣是非常重要的。如果空閒的時間太多，很容易會變得痴呆。要經常地用手用腦，這是最好的辦法。對上班族而言，多半沒有眞正的興趣，這是一件悲哀的事情。

「學生時代，就只是玩麻將，自從開始工作以後，直到現在都沒有再玩過。」

「年輕時，都會去打棒球，可是，現在已經老了。」

「我曾做過的，大概就是打高爾夫球吧！」

「年輕的同伴會帶我去唱卡拉ＯＫ，可是，我唱得不怎麼好……。」

中老年人的興趣，大致就是如此吧！最後，可能會說：「因為工作太忙，所以幾乎不可能有興趣。」

其中有的如栽種盆栽、下圍棋、讀書等，會從事和年齡相符的興趣。大多數的人則只有打高爾夫球。

到底打高爾夫球算不算是興趣？通常，都是爲了應酬，才會和同事一起去打的。可是，這種高爾夫球賽，一離開公司，就無法成立了，頂多只能夠稱爲工作上的樂趣。過了六十歲，非尋找自己的興趣不可。一般而言，興趣分成二種：一種是獨自享樂，另一種是夫妻倆共同的興趣。五年來，我的太太每逢假日，就會去打網球，現在，這已經成爲她退休後的興趣。對於沒有培養出興趣的我而言，實在覺得羨慕不已。

想要培養興趣，必須先考慮到自己，不可以超出體力所能負荷的，而且，必須是自己能夠接受的。這是首先要考量的條件。我本來就是個工作狂，當然會一直進修、看書，所以並不值得成爲興趣。值得一提的是，孩子們經常會笑我：「這麼一來，你一生都會窩在家裡。」我會錄下懷念的老電影，連LD都有；從看這些電影開始，想要培養出自己的興趣來。

我和太太的共同興趣是旅行，不過，我覺得她比較喜歡和女兒、朋友一起去旅行，比和我在一起快樂多了。太太喜歡園藝工作，我卻不喜歡。思考了半天，最後，拿出自治團體的廣告，開始尋找自己的興趣。

穿著西裝時，不要去倒垃圾

垃圾是固定放在某一個地方的，我也經常看到一些男性會去倒垃圾。他們在上班前，拎著二大袋垃圾，搭乘升降梯時，會和旁人打招呼。垃圾的味道實在令人難以忍受，可是，那些男人們都毫不在乎。上班前，穿西裝、打領帶的，拎著垃圾去倒，這樣好嗎？我認爲不太妥當，當然也有人不這麼想。

我並不是說，由丈夫負責丟垃圾不好，男人做點家事，倒垃圾也是應該的，本來平常沒有幫忙做家事的男性，就要幫忙倒個垃圾。

可是，上班前，穿戴整齊的去倒，並不妥當。男人穿著西裝，就是要去上班，我不

習慣這樣去倒垃圾。我認爲，公司和家庭是要分開的。退休後，我就宣言「我要脫下西裝和領帶」，表示要捨棄公司的角色。除了必要的場合，絕對不穿西裝和打領帶。公司和家庭，應該是要有所區別的。

如果不能區隔公司和家庭，那麼，公司的事就會帶回家裡，家裡應該做的事，就會以公司的工作爲藉口來逃避，產生了這樣的情形（心理）。結果，休息時是公司，喝的時候是公司，連玩的時候，也是公司。

脫離了家庭、社會、地區。男主外，女主內，這是自古以來的說法。現代人則依照自己的能力來分擔職務。女性上班，不是不可思議的事，同時，男性也應該要做家事。

不過，不論男女，絕對不可以把公司的

事情帶回家裡，這是避免公司和家庭的界限崩潰的第一步。穿西裝去倒垃圾，是不行的。

逛櫥窗，培養時裝品味

要去打高爾夫球時，應該穿什麼樣的服裝呢？假日時，朋友邀你去喝酒，你要穿什麼呢？和太太逛百貨公司時，要穿什麼呢？總不能一直穿西裝、打領帶吧。屬於自己的私人時間我不認爲應該要穿上班的制服，也就是西裝。到公司或餐廳時，才要穿西裝……。

可是，這時應該要穿什麼比較好呢？我覺得男人眞的很笨，不知道應該如何選擇。凡事都要靠太太。穿的是太太買的，太太選的，幾乎沒有自己的意見。

經常外出購物，對時裝非常敏感，而且，平時就對服裝很有興趣的女性來說，只會選領帶的男人，在時裝方面的品味，要和女性競爭，是不可能的。

要和女性看齊，並非不可能，不過，可以想辦法慢慢追上。可以經常逛櫥窗來培養對服裝的品味。常會聽到男人說：「太太買東西，實在很花時間。尤其買洋裝時，簡直讓人覺得受不了。」以男人的眼光來看，認爲「就隨便選一件吧！」我卻覺得「應該要充分檢討，發掘衣服的重點在哪裡」。

和太太一起逛街時，太太會說：「啊！那件衣服眞漂亮。」就停在櫥窗前。這也是男性實習的好機會。如果你說：「一個大男人，這樣算什麼嘛！」而抱持著這種心態，那麼，往後的二十年，就無法過得非常好了。

你可以當作在學習自己所從事的工作，多觀察、注意。仔細觀看電車內的廣告或櫥窗，即使是退休以後不穿的衣物，如毛衣、襯衫、大衣等，想像自己穿上的樣子。剛開始時，可能很困難，無法自覺自己的體型。可是，只要經常照鏡子，就可以想像了。不只是看，還要有勇氣進入店中。當然，不進去也可以。可以觀察櫥窗衣服的飾品，這也是非常好的參考。

不惜勞苦的逛百貨公司

女性很喜歡逛百貨公司。有人說：「不只是喜歡逛百貨公司，更喜歡逛精品店」。在百貨公司，可以看到各年齡層的女性，尤其是在拍賣會場，總是可以看到三五成群的女性，在那裡一邊喝茶、一邊閒聊。她們大都會去逛時裝部門，即使沒有時間，也會到賣場去看看洋裝。

熱衷於這方面的衣物，當然也擅於選擇衣物。有這麼熱心的顧客，百貨公司當然也會儘量去收集各類服裝，擴大賣場的面積。相較之下，紳士部門的男性，眞的只是小貓二、三隻而已。他們身旁都陪伴著太太和女兒。單獨來逛的男性，眞是少之又少。逛百貨公司的年輕男士，已經很少，中老年人更不必說了。

在這之前，你如何選擇物品呢？在公司選擇原料或商品時，你怎麼處理呢？是否在看過樣本之後，仔細檢討，再看看估價單，覺得沒有錯誤才會簽單？那麼，選擇服裝時，是不是也可以發揮這方面的能力呢？

百貨公司裡，有豐富的商品樣本。一些專門店，商品的種類也非常多，標價明顯，選購物品非常方便。平時，要經常逛百貨公司，到百貨公司養眼。

養成逛紳士衣物部門的習慣，避免只逛化妝部門。要仔細觀察襯衫、大衣、夾克、運動服裝等，覺得適合的顏色，可以試穿。如果男性獨自去逛時，女性店員會馬上來招呼，這時候，可以對她說：「今天，我只是看看而已。」自行選擇並「研修」……。但是，對於襯衫和上衣的配色等，可以直接詢問店員的意見。

另一項要注意的重點是，店員所給予的建議，大都不太適合。由於中老年人的衣物還無法確立，所以店員本身也不太有自信。通常，會對客人說：「這個適合你。」或者說：「現在，這個賣得最好。」「今年，這種顏色最流行。」最好還是選擇自己要的東西。這一點非常重要。因此，要不畏辛苦地，經常逛百貨公司，豐富你的人生。

先尋找適合自己的顏色

隨著年齡的增加，國人選用的東西會變得非常單調。也許，要有「和年齡相應的行動」的觀念 會選擇比較深沈的顏色。

可是，看看外國人，越是年長者，穿的衣服顏色越是多姿多彩。顏色幾乎都不一樣，髮色不同，鼻子的高低也不一樣。我們看看在美國的國人，年長者對於配色非常在行。回到國內，和這兒的風景也不會有格格不入的感覺。

年齡越大，選擇適合的顏色愈形重要。年輕時，肌膚的顏色漂亮，富於彈性，穿甚麼都適合。可是，年紀大了，肌膚的顏色變得深沈。深沈的肌膚顏色，再配上深沈顏色的衣服，看起來毫無生氣。因此，要穿甚麼顏色的衣服，是很重要的問題。

此外，明朗的顏色也能夠讓人的心情變得富於活力，並趨於平穩。可以使心情開朗的顏色，最典型的是紅色。自從退休以後，本來就變得退縮。爲了防止自己的心情變得內向，最好利用紅色來提高自己的情緒。不過，男性不適合全身都穿著紅色，只是在衣服的搭配上，可以加入一點紅色。例如：可以用紅色的蝴蝶形領帶或領巾來作點綴。

有些顏色很適合自己的膚色，有些顏色則不適合。可以請色彩協調家來爲你診斷。如果直接參加色彩協調家的教室，這種自治團體所舉辦的講座會更好。

在東京數寄屋橋的警察學院上面的看板，大老遠就可以看到「讓自己更加顯眼」的字樣，是勸人穿得顯眼，好讓駕駛者從遠處就可以看到自己，以避免發生意外事故。尤其是老年人，更是如此。上了年紀之後，行動就很遲鈍，很容易發生交通事故。看板上還畫著一對穿著紅色衣服的老年男女，說明深沈顏色的衣服有導致生命之虞。

買領帶，倒不如買彩色的襯衫和毛衣

雖然國內男性的品味已經變得不錯了，也會穿色彩鮮艷而時髦的衣物。不過，如果本人不注意，可能穿起來還是會不成樣子，只是剽竊而已。對於顏色有品味的男性，連色彩專家都會給予很大的讚賞。

要如何看待品味的感覺呢？如何去欣賞呢？

在工作的男性，最具象徵意義的領帶，可以顯示這個人的品味。在電視戲劇中或廣告中，都可以看到上司對屬下說：「至少要採用名牌的領帶。」可見男性對於領帶具有良好的色彩感。

不過，一旦沒有領帶，就完全不行了。假日時，男人穿著高爾夫球裝到高爾夫球場去，女性看到了，會說：「怎麼穿成那個樣子呢？」

確實，選擇領帶的品味，不知道到哪裡去了？

其中的原因，很可能是領帶不是他本身選的，經常都是別人選給他的，這樣就無話可說。另一項原因則是，平常只要穿西裝，打領帶，到任何地方去，都不會出問題。這已經成爲一種社會風氣。模仿高緯度，濕度低的歐洲風俗，高溫多濕的國內，夏天也可以穿著長袖、白襯衫，繫著領帶。穿著上衣，卻對顏色已經喪失了感覺。

大家拿手於選擇領帶，請用選購領帶的方法，來選購襯衫和毛衣吧！

拿下領帶以後，你的胸前會出現一大片空白地帶。這地方應該要有顏色點綴。

首先，採用選擇領帶的要領，考慮穿著上衣時，想像一下胸前的這一片要點綴甚麼顏色。

接著，考慮用一個小東西來搭配，用孩子送你的圍巾也很好。穿上一件毛衣，到底這件毛衣要選用哪一種花樣呢？請你考慮一下。

快要退休的時候，領帶應該已經很足夠了。對於有顏色的毛衣和襯衫，自己要掌握品味。

自己作色彩的協調家

這是一對年輕男女的談話。他們已經決定要結婚。女性說：「我就當你的色彩協調家。」聽起來彷彿這男性穿得亂七八糟似的。

從這句話，可以了解這位男性對於服裝，完全沒有意識。不是在否定這女性的體貼，也不能夠拒絕新婚妻子的關心。可是，無論如何，也要由自己來決定自己的服裝，自行購買。

最近的經濟戰略，經常使用「整體協調」的字眼。其實，是爲了要販賣一種物品。以前的「只要一個就可以」的時代，已經結束了。現在，必須利用媒體、新聞、雜誌來宣傳，甚至爲此而創作新的音樂，發行新的刊物。不只是利用廣告，進行綜合的販賣作戰。

其實，你不是正在扮演這種綜合的協調家嗎？

「我們屬於製造部門，我們並沒有做這種事。」也許，你會這麼說。你可以嘗試看看，進行新製品的製造。以往，會起用名人來開發，現在已經不行了。從各種角度進行檢討，商討最好的方法。必要時，還研發新的機器。作綜合性的檢討，不就是整體的協調者嗎？整體的協調者不僅限於營業關係的專門領域。

不論是公司或工作，總是全力以赴。爲甚麼遇到自己的事就不一樣了呢？

因爲公司和工作失敗，就會很麻煩。自己的人生觀再怎麼不好，也不會產生很大的麻煩。在服裝上。大膽地從事色彩的協調，即使失敗了，還可以重新再來。只是一件襯衫，爲了學習而浪費掉，也沒有關係。可以重新搭配協調。

協調搭配時，要選擇一樣基本的東西，也就是你在意的東西。然後，再想一想，要加入甚麼樣的顏色，使其變得更加好看。接著，再搭配相對的顏色，使其顯得更加搶眼。相同系列的顏色，可以造成顏色的強弱變化。

不要忘了白色，以及讓氣氛變得不一樣的紅色。還有，讓神經休息的綠色。黑色也有各種的黑，自己想像加入各種黑色的情景。由自己來擔任色彩的搭配和協調。可以讓你進入一個非常有趣的想像世界。

計劃和妻子的旅行

退休以後，要感謝長年以來，支持你的妻子。想要帶她去旅行，可是，最重要的主角太太卻不喜歡。碰到這問題時，其主要的原因就是，旅行的計劃、旅館、車票等的預約，都要太太來做，所以太太才會不喜歡吧！

如果是這樣，太太不喜歡的由自己來做。這樣不就可以了嗎？有些男性即使如此提醒他，還是不開竅，不知道究竟是哪一根筋不對？

我有個朋友說：「退休以後，就有時間了。我要帶太太去旅行。」結果，就告訴太太：「只要是妳喜歡去的地方，任何地方都可以。不必擔心錢，去訂旅館和車票。如果要參加旅行團，可以到國外去玩。」

這時候，我說：「你的太太不會告訴你，要去哪裡吧？」當時，他很不可思議地望著我。可是，經過一個月，二個月以後，太太都沒有回答。他說：「就如你所說的，我的太太不喜歡和我去旅行。」

這時候，我提醒他：「我認為太太是不喜歡自行計劃去買車票，訂旅館。你大概會對她說，什麼地方有什麼，哪一家旅館比較好，還有你的各種抱怨。她知道有這些麻煩，所以不準備去旅行。」他認同我的說法以後，就開始計劃豪華的北海道旅行。他搜集各種旅遊資料，探訪旅行社，發揮在工作時的魄力。

他自誇說：「這是非常棒的旅行。」往返都坐特級座位，搭乘新幹線，住一流旅館，吃各地方的名產。太太非常感謝他。他利用新幹線進行旅行，並利用新幹線的客房車廂，也節約了不少。回來以後，還說：「下一次要到海外去，也由我來計劃。」於是，開始搜集海外旅行的資料。

旅行的樂趣之一，就是計劃。選擇目的地和候補的地方。對於不曾去過的地方，搜集資料，尋找目的地。想像突然帶著太太到那些地方的情景，都讓人覺得非常愉快。其實，男性對於計劃是拿手的。

旅行中，也不要麻煩太太

到底旅行是怎麼一回事呢？我認爲這是離開現實生活，沈浸在夢幻世界中的夢幻之旅。對於旅行目的地的當地居民而言，是屬於現實的生活。可是，對於到那裡旅行的人，不是這麼一回事。這是短暫的，有如泡沫一般的時間，對我們來說，就像是一場夢一樣。

沈浸在這夢幻世界時，如果還必須做現實生活中的瑣事，就不是夢幻世界了。趁著出差之便，騰出時間去參觀當地的名勝，在現實生活中，抽出短短的時間去玩，並無法享受夢幻世界的樂趣。

我也曾經在工作時，出差到好幾個國家去。經常都是想著要拍哪裡的照片，或是要記下哪些文字，到處跑。這絕對不是快樂的氣氛。我確實見過不少場面，也曾經去看過歌劇和芭蕾舞劇。

由於還殘留著工作之後的疲勞感，所以不曾享受到眞正的休閒感。我想，現在因爲工作，而經常要出去旅行的男性，應該比較能夠體會這種感受吧！如果讓太太去體驗這種生活，相信太太對於旅行勢必興趣缺缺。

想一想平日的情形就好，太太爲先生準備內衣、手帕、手紙。吃飯時，還要盛飯、做菜。時間來不及時，還要忙著打點，然後把先生送出去上班。先生下班回來時，要爲先生倒酒，準備下酒菜。甚至還要爲先生準備洗澡水。想一想，是不是如此呢？

如果旅行時，太太還必須做這些事情，根本不是去旅行，當然太太也不會想要和先生一起去旅行。太太想要享受旅行的樂趣，就是不需要煮飯，不需要忙著做平時的家事。從這些雜事中解放出來。好好享受廚師煮的菜和旅館的服務。不過，旅行的時候，還是存在著某種程度的日常雜事。通常，這些雜事是需要先生操心的。換個角度來想，現在由先生來體驗這些雜事。平常不必做的，在旅行時來做……。

自己的事自己做。用餐時，也由先生來代勞，讓太太享受女士優先的服務，爲太太倒啤酒，介紹各種美味料理。由男性來進行細微的工作。搬東西，當然也屬於男性的工作範圍了。

如果是這樣，平常所扮演的角色對調。在這不同的世界中，體驗旅遊的樂趣。

退休後二十年的夫妻這麼做，都會很有元氣

要如何在退休後的二十年活得健康，富有元氣呢？要如何健康地過著家庭生活，而且還很有元氣地和社會接觸呢？你讀到這兒，會覺得「退休以後的男性，是不是凡事都要收斂一些，內斂一點不可？」也許，你會感到疑惑、不滿。

不過，這也是你脫離組織，奔向新世界的一個機會。在這新世界中，有很多你不清

楚的事，必須要有所顧慮。

各行各業都有其專長者，在家庭和社會的道路上，也有一些專家。對於這些人，尤其是妻子，你都要表示尊敬。不過，你也要反省一下，這六十年以來的人生，是怎麼過的？在自己的家庭生活中，有哪些事是必要的？嘗試進行自我分析，扮演在退休以後二十年的角色。

請回答以下的問題，回答「是」、「否」，然後在下一頁的圓形圖上，填上你的統計結果，就可以知道你的「健康元氣生活度」。

〔問題〕

《家庭》

①是否幫忙太太做早餐	是	否
②用餐以後，是否把餐具搬到流理檯	是	否
③是否煮飯	是	否
④是否能夠做一道菜	是	否

⑤是否把拍打棉被當作自己的工作　是　否
⑥是否在洗衣服時，順便曬衣服呢　是　否
⑦是否陪太太去超級市場購物　是　否
⑧是否能夠自由地使用吸塵器　是　否
⑨是否經常洗碗　是　否
⑩是否把清洗浴缸當成自己的工作　是　否

《妻》

①能夠確實回答妻子的問話　是　否
②早上睡醒以後，能夠主動招呼太太　是　否
③夫妻倆是否牽著手外出　是　否
④能夠率直地說「辛苦了」　是　否
⑤能夠率直地說「謝謝」　是　否
⑥很幽默　是　否
⑦至少能夠親吻太太的臉頰　是　否

⑧ 不計較妻子外宿　是　否
⑨ 有時候，會緊抱妻子　是　否
⑩ 即使妻子單獨旅行，也會幫她接洽　是　否

《孩子》

① 知道孩子的生日　是　否
② 認識孩子三個以上的朋友　是　否
③ 知道孩子愛吃的東西　是　否
④ 能夠和孩子一起喝酒（茶）　是　否
⑤ 每天都和孩子說話　是　否
⑥ 是否會罵孩子　是　否
⑦ 會和孩子談出路的問題　是　否
⑧ 能夠幫孩子作正確的情報分析　是　否
⑨ 要求孩子對於所要的東西，給予適當的理由　是　否
⑩ 和孩子談他女朋友的事　是　否

《健康》

① 附近有主治醫師　是　否
② 能夠確實地和醫師商談症狀　是　否
③ 喜歡當季的食物　是　否
④ 喜歡魚和蔬菜　是　否
⑤ 喜歡走路　是　否
⑥ 可以抱著幼兒玩　是　否
⑦ 坐電車時，只要稍微拉著吊環即可　是　否
⑧ 幾乎每天都有固定的運動　是　否
⑨ 不吸菸　是　否
⑩ 大致上，能夠掌握自己的酒量　是　否

《工作》

① 擁有沒有薪水的工作　是　否

② 即使退休，還擁有工作的技能和資格　是　否
③ 擁有一般的技術　是　否
④ 經常參加義工活動　是　否
⑤ 現在，要展開新的工作挑戰　是　否
⑥ 不在意工作內容　是　否
⑦ 只要有工作，就馬上做　是　否
⑧ 只做有收入的工作　是　否
⑨ 目前擁有工作　是　否
⑩ 要永遠工作下去　是　否

《教養》

① 現在還在學習唸書　是　否
② 喜歡看書，欣賞繪畫　是　否
③ 有興趣時，會馬上想要學　是　否
④ 一旦開始學習，會持續三年　是　否

⑤ 能夠冷靜地觀察學習中的事物　是　否
⑥ 具有豐富的興趣　是　否
⑦ 能夠靜靜地聽音樂　是　否
⑧ 對於工作、疾病以外的事，能夠持續談一個半小時　是　否
⑨ 能夠靜靜地聽別人說話　是　否
⑩ 對於服裝、料理也有興趣　是　否

《交友》

① 退休以後，還擁有以前工作上的朋友　是　否
② 退休以後，還和以前的同事交往　是　否
③ 有工作以外的朋友　是　否
④ 有三個以上有相同興趣的夥伴　是　否
⑤ 努力地交朋友　是　否
⑥ 能夠擔任團體中的幹部　是　否
⑦ 參加三個以上的團體　是　否

⑧ 交友都沒有利害關係　是　否
⑨ 沒有名片，也可以交朋友　是　否
⑩ 馬上可以和別人交談　是　否

《地區》

① 知道鄰居的名字　是　否
② 能夠毫無抵抗地和別人打招呼　是　否
③ 被指定擔任自治會的幹部，能夠樂意擔任　是　否
④ 擔任自治會的幹部　是　否
⑤ 知道丟垃圾的時間　是　否
⑥ 知道自治團體等地區的主辦活動　是　否
⑦ 能夠參加地區主辦的活動　是　否
⑧ 知道兒童聚會的活動內容　是　否
⑨ 知道老人聚會的活動內容　是　否
⑩ 大致上，都認識附近的鄰居　是　否

將各領域的統計數標示在線上。如果所有的領域都滿分，就可以成爲一個圓。這是最好的，如果呈現凹凸狀態，就努力地讓它變成一個圓吧！

生活度圓圖

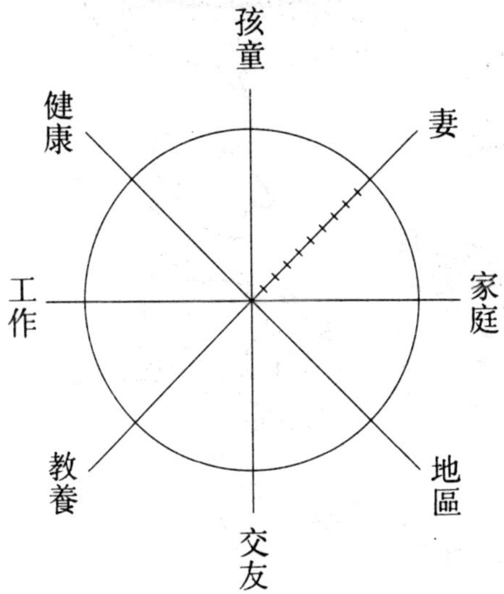

第5章　退休以後，能够健康而有元氣地生活的人

退休以後，能够健康而有元氣地生活的前輩們。投入興趣中並回饋社會，優游地度過其人生。這些前輩是值得效法的。

從市民的廣告報紙中得到資料，而成為園藝家的U先生

U先生（六十八歲）住在千葉縣松戶市，精於園藝。年輕時，是一位非常沈靜的紳士。我從來都不知道他喜歡園藝這回事。在園藝方面，不只是以植物、土為對象，還因此而交了許多朋友，和他們不斷交流。

U先生即將退休時，從廣告報紙中知道成人講座。於是，開始參加園藝講座。他為了避免在退休以後，變得癡呆，所以就報名參加了。最初，土讓他吃盡了苦頭。不過，也因此認識了許多同學。

參加這種課程的人，大致上都有相同的境遇。年齡和想法大致都很類似，所以馬上就能夠融入，而擴展為「玩伴」。

在園藝方面，互相提供意見，把自己發現的點子告訴大家。彼此意見交流，使同伴之間的感情更加熱絡。

一年的講習結束，幾乎所有的同學都再接受第二年的訓練，希望技術更精湛。剛開始時一竅不通，自從深入了解以後，覺得很有趣。偶爾覺得學習有困難或身體不舒服

時，大家互相激厲，繼續上講習課。

U先生接受了四年的講習，最後，成爲一位不比專家遜色的園藝家。課程結束以後，十個同學一起去旅行。一起去參觀花草會，也聚集在一起「玩」。他們說：「接近大自然，可以使心情柔和。觀賞奇花異草，賞心悅目。我想勸大家多接觸大自然。」

U先生在閱讀了報紙的廣告之後，過著與四季植物接觸的人生。退休以後，還繼續學習，這種知的意願，使其人生更加充實，更加豐富。

馬上就要七十歲了，他的酒量一如年少時，過著健康而有元氣的生活，與自然同行，有著園藝團體的夥伴。這是他的人生樂趣。退休以後，更是人生的出發點。在這方面給了我許多啓示。

成為火腿族（業餘無線電）聯絡世界各地之朋友的K先生

「CQ　CQ」。不論早晚，札幌市的K先生（七七歲），都在和世界各地的火腿族（業餘無線電）打招呼，交朋友。在遙遠的地球另一側，有些同伴也會利用無線電答覆他的夥伴。澳洲、法國、義大利、印度尼西亞等世界各國的朋友，交互地和他聯繫。當然，國內的愛好者也是他的同伴。

「雖然沒有和這些人見過面，但是，從呼叫的訊號就可以知道是誰。只通訊過一次，就能夠成爲朋友。一直期待著下一次的通訊。」

火腿族利用一些通訊用語來會話，由於這是藉著聲音來溝通的，所以如果不了解對方的語言，就會使興趣減半。這位K先生從六九歲起，開始學習英語和西班牙語。現在已經七十歲了，還勤奮地學習。

「上了年紀以後，要學習語文，實在很困難，只好死記。如果不知道發音，會很麻煩。」不斷做筆記，在外文旁邊畫上注意符號，以便和這些朋友們交談。他說：「現在，我開始學法文和義大利文。沒有學好之前，我是不會死的。」他哈哈大笑。

長年以來，K先生在東京擔任計程車司機。退休之前，也就是五十六歲的時候，取得了個人的計程車司機的牌照。直到七十歲，都在開計程車。

「我在計程車公司擔任司機的時代，也很快樂。經常會和一些有煩惱的乘客交談，我覺得很有意思。」

自從擁有個人牌照之後，就開始成爲業餘的無線電通訊族。當時，就像現在大家都

有大哥大的情形一樣。在道路混亂的情形下，利用無線電和朋友交談。「沒想到在工作之餘，可以當作一種興趣。」

不只是和火腿族通訊，還會和別人交換「通訊名片」。每個人都會用心設計，利用彩色印刷印出名片來。K先生的名字是手畫的鈴蘭。

經過數次通訊之後，大家會互相訪問。K先生說：「如果我想要訪問這些火腿族，要到國外去拜訪他們。」這是他最大的夢想。

A先生的「退休準備」的興趣

A先生（六十五歲）從大商社退休以後，就搬到群馬縣，回顧他本身退休的時候，說：「飛機、車子等交通工具，如果突然停止運作，會發生事故。人比這些機器更加精密。一旦退休，突然離開這些工作，脫離了社會，就會變得有問題了。換言之，必須要有退休的準備。退休的準備不只是金錢而已。」

「一個上班族到了五十歲，對於自己的未來，大致都可以看清楚了。是否會擔任總管職務，或是到此爲止，還是被派到子公司，都已經有個定數。在這種年齡，即使升上主管職務，到了六十歲以後，離開公司的可能性也很高。因此，所有的人都必須考慮五十歲以後的生活。到了五十歲，則必須爲退休以後的生活作準備。」

A先生在退休方面的對策，就是不斷挖掘自己的興趣。喜歡照相、打高爾夫球，朋友也經常邀他去唱歌，甚至對於繪畫、書法、雕刻金子方面，都頗有心得。他的興趣有十種以上。經過考量，他選擇了木工。

男人的興趣是購買勝於技術，A先生也一樣。電鑽、電鋸、鉋子等等。不過，最大的特徵是在於生活時間的分配。「要先看清楚，興趣佔二成，工作佔八成。從五十五歲起，興趣和工作各佔一半。到了退休的前一年，幾乎都著重在興趣，也就是拿薪水來做木工。」

爲了興趣，他尋找安靜的環境，搬到了群馬縣。

「你不要誤會了，我不會因此而疏忽工作。長時間以來都在上班，我很清楚自己的工作。你想想看，常常在工作上浪費了許多無謂的時間。省下這些時間，精簡我的工作來做，才能夠把工作做得這麼好。」

四十歲時，併命地工作。到了五十歲，興趣和工作兼顧，由於是自己公司的工作，所以可以這麼做。

每年，A先生會到附近的城市召開個人展。他的作品充滿了創意，他說：「賣得不錯，過得去。」在這之前，他是個很忙碌的商社職員，現在，他再次成立自己的工作室。沈浸在充滿綠色和新鮮空氣的環境下，每天做木工。

藉著「吟詩取得學費」的Y先生

住在山形縣的Y先生(六十四歲),四十四歲的時候,自費參加吟詩教室。後來,熱心於吟詩的指導,致力於推展吟詩,舉辦各種不收費的吟詩講習會。

Y先生是在高中畢業時,初次接觸吟詩。朋友的爸爸召開吟詩會,他受邀去參加。聽到朋友的爸爸吟詠的聲音,帶給他非常大的震撼。那時候,他眞想要去學。但是,自己馬上就要到東京去就職了。身爲農家的三男,能夠從高中畢業,已經值得慶幸了。當時,他實在無法說爲了興趣而想要吟詩。

「那時候,我不知道自己是不是眞的對吟詩有興趣。」雖然覺得有點後悔,不過,覺得自己以後還是有機會的。

他到東京的一家機械工廠就職。這是一家小工廠,每天都工作得全身黑漆漆地回來。直到二十一歲,已經是公司裡的一個職員。有一天,當他走在街上時,看到「吟詩指導」的廣告。

當時,他想起畢業那一天的情景,而開始學吟詩。他認爲只要自己用心地上課,應該能夠很快地學會。可是，自己的年齡已經大了，不是那麼順利。

一些後輩小學生的進度都超過Y先生。在發表會上，這些後輩都上場。「不過，我並不後悔。我只是受到朋友的爸爸在吟詩時的吸引，並沒有想要成爲吟詩的專家。」

五十八歲時，從公司退休，手中多少有些積蓄。這時候，他回到山形縣，開吟詩教室。他想讓大家知道吟詩的美。可是，在這小小的鄉鎮，一般人所知道的也只是唱點歌和民謠罷了！他不斷發廣告，到學校去擔任吟詩講師。甚至還花錢訂便當，召開講習會。但是，大家對於吟詩還是沒有興趣。有一次，爲了聚集三百人，他獨自負擔便當和茶水費，召開了免費的吟詩會。他所開的吟詩教室，當然也是免費的。

在他的努力耕耘下，終於有人認識了吟詩的美。也有學生會掏腰包來學。回到家鄉六年，他終於當上了吟詩的老師。在投入興趣的同時，可以依照其步調來過著他的人生。這是一大樂趣。

擔任產業諮商員的S先生

在公司擔任總務，經常有機會接觸到公司職員，他們有煩惱時，都會來找他商談。

工作時代，有會計、商業簿記、社會保險士資格的人，經常會遇到這種情形。東京京都世田谷區的S先生（七十二歲），擁有產業諮商員的資格，非常活躍。諮商員，具有強烈的義工色彩。S先生對於「這些有煩惱的人，只是給予默默的支持而已」，不在意收入如何。

S先生的人生並不平穩。以優異的成績從陸軍官校畢業，擔任少尉不滿半個月，第二次大戰結束。他又進入東京大學。這時候，正逢雙親去世，只好退學回鄉。

雖然只擔任半個月，其職位相當於舊陸軍的將校，但是，當時根本沒有就業的地方，爲了生計，只好撿燒過的馬達零件，賣給鄉鎮的組合工廠。靠著這份工作，生活勉強過得去。最後，進入一間大的家庭工廠就職。由於是半途進入，受到了差別待遇。

後來，被招募到當時進入國內的外資體系的化妝品公司，擔任重要職務。負責過營業、製品研究、促銷、消費者申訴處理等的部門。最後，從總務部門退休。在總務部門，是擔任勞務處理的工作，經常和社員商談。因此，才走入諮商的道路。

擔任日本產業諮商協會的理事時，因腦梗塞而倒下，後來下半身痲痺。醫生宣告，「要恢復機能，是不太容易的事」。他努力地做復健，使手部恢復了些許的握力，而逐漸恢復。

「當時，實在非常辛苦。要活動僵硬的肌肉，有時候會痛得留下淚來。不過，我一直爲自己加油打氣，否則再也無法走路。人並不是那麼脆弱的，在我的太太和一些諮商員同伴的激厲下，我恢復了。遇有困難的時候，得到激厲，是值得可喜的。」

從和疾病奮戰中所得到的體驗，讓S先生在諮商方面更有心得。他深切地體會到，了解對方心理的重要性。這是諮商工作的基本。

社會的進步，使人類無法負荷其速度。有神經衰弱、憂鬱症、心理疾病的人，料必會增多。和有豐富經驗的人商談，其必要性也增加了。

工作時代，在工作方面自我學習，充實自己。到了退休以後，可以回饋社會。這就是S先生。退休後的二十年，應該要像他一樣，活得更加有意義。

F先生的「從取得資格開始」

大阪市的F先生（六十六歲）說：「我不認爲取得資格，就可以視爲得到效用。取得資格，只是一個開始。」五十六歲退休，從六十歲開始領取養老金。在這期間的四年，只好工作。他在工作時，努力地取得資格。

首先，他向社會保險員的職務挑戰。長年來，從事總務的工作，熟悉於勞務工作。四十五歲的時候，接受通訊講座，開始讀書。「很簡單，這只是平時工作的延長。不過，在這之後，稍後有點困難。我要向稅務士挑戰。」

三年就完成了這項挑戰。後來，開始以住宅建物買賣主任、商業簿記、中小企業診斷士、危險物處理員等等，當作自己的目標。在取得資格方面，產生了興趣。

我畢業於私立大學的法學部，絲毫不覺得唸法律很難，認爲唸書是很輕鬆的事。但是，「公認會計師和不動產鑑定士就不行了，實在太困難了。因爲對於一個上班族來說，沒有那 麼多的時間。」他也談到了失敗的經驗。

五十六歲時，他退休了。同事爲他感到高興，說：「你已經做了那麼多的準備了，所以沒有關係。不過，我可糟糕了。趁現在有失業保險，所以我必須要找新的工作。否則我們一家都要去自殺。」

領取了某種程度的退休金後。他就在市中心開了一家事務所，這是比原來的公司更接近家的地方。他租了某間公寓的一角，申請了電話，有傳眞機和影印機，甚至也有看板。上面用金色的顏料，寫著「F事務所」。但是，經過好幾天，也沒有客人。他也在市內的報紙刊登廣告，請朋友介紹。結果還是零。三個月之後，他撤掉了。想要靠這來吃飯，是不可能的。然後，承接原來公司工作中比較細微的工作。「向來都從事總務的工作，我對於營業方面的事務，實在不清楚。而且，也不了解銷售的重要性。要我完全做好公司本來的工作，是不可能的。不要忘記，公司裡的一項工作，是要由數個人來完成的。現在，雖然有這種資格，可是，這只是一個開始能了！要獨立工作，是不太容易的。」F先生取得工作以後，還不斷地提起學習的重要性。

藉著變魔術而過著健康，有元氣生活的M先生

住在神奈川縣鎌倉市的M先生（七十歲），家中的電話一早就響了。他以快活的口吻接聽電話，然後，在牆壁上的月曆寫下行程表。他的樣子非常輕快，看起來就像五十歲的人。

行程大都安排在醫院、養老院、小學、幼稚園等，這些地方都會請他去表演。M先生忙碌地聯繫，上午九點鐘就從家中出門。依照當天的行程，先到托兒所。表演對象是從三歲到入學前的幼兒。M先生靈巧地取出撲克牌，然後表演繩子和銅幣出現又消失的魔術。

他是一個魔術師，在孩子面前，把東西亮一亮，然後讓它從手上消失。這些手法讓孩子們高興得臉頰發紅，伸長了脖子，觀看不可思議的表演。他的觀衆有三十個人左右。孩子們的反應非常熱烈。

三十分鐘以後，在孩子依依不捨的惜別之下，又到下一個公演場所。他經常都很快樂，笑咪咪地，挺著背部大步地走，或是握著方向盤微笑著開車。

下一站是養老院。觀衆約有三十人，年齡層都在七十歲以上。有的人坐著輪椅，有的人則面無表情。不過，他們都很快樂。

M先生開始變魔術的時候，沒有唱歌。這和宴席上的魔術表演不一樣，其手法也有別於宴席上的魔術表演。從二十五歲起，就開始練習這種魔術。

他在一家很大的電器公司上班，是一位技術者，不擅於應酬。在魔術方面的鑽研，成爲與別人溝通的工作。他擅長使用磁鐵來變各種魔術。

到了五十六歲時，便退休了。他不再工作，完全沈浸於興趣中。M先生變魔術的手法，在地區上深獲好評。各地方的組織，都邀請他去演出。在退休的同時，就開始受邀去變魔術。可是，他完全不收取演出費用。

他認爲「如果收費，這種興趣就不稱爲興趣了」。即使再遠也不接受交通費。只要是開車能夠到的地方，就是他接受公演的地方。

這方面的興趣，他也不想麻煩太太。安排行程，接電話，都是自己來。M先生笑著說：「表演時都站著，腳也變得粗壯。用手來進行，藉此可以刺激腦部。再也沒有比變魔術更好的了。」

準備開麵店的W先生

一九九五年五月，住在東京都的W先生（六十一歲）準備退休。在這之前，就一直想要開一家麵店。到底可以不可以開，還不知道。無論如何，還在研究中。他本身是個公務員，在四十歲時，對「麵」開始產生興趣。有一次，到岐阜去旅行時，覺得那裡的麵眞好吃，從此就成爲吃麵族。

回家之後，拜訪東京附近縣市的著名麵店，總覺得不如岐阜的麵。只要有數天的休假，就一定到岐阜去。於是，開始探索製作美味麵的過程。

W先生絕對不透露其秘密。他下定決心：「要自己做這個麵。」從此，開始學習做麵。

他到料理學校，參加各種做麵的教室，也加入各種麵食愛好者的團體，買了各種道具。例如：大碗、專家用的刀子、擀麵棒，盤子齊備。

已經有揉麵的力道。而且，也能夠拿捏煮的麵需要多厚。這時候，馬上要退休了。搬到東京都社郊的一間公寓，有三個房間大。孩子都已經搬出去住了，需要這麼寬敞的屋子，主要是希望在家裡，有一間房間可以當作麵廳。

「客人大概是一天三對，這樣就足夠了。我不想做麵的買賣。除了做麵讓太太和自己享用以外，也要讓更多的人分享。」

利用養老金還能夠過活，不必動用到雙親留下的遺產。如果是開車來的人，這裡的停車場很方便。也不需要擔心蕎麥粉的來源，因爲自己可以栽種，所以可以解決這問題。

如果得不到自己要的東西，就不打算開店。現在，我正在探聽信州或群馬可以種蕎麥的土地。準備一找到了，就可以著手進行。

「賣麵也無法過活，所以不太打算賣麵。只是爲了自己的夢想，而想要這麼做。我的太太也喜歡蕎麥麵，她可以幫助我。我也很高興。再怎麼說，這只是我本身任性的興趣罷了！」

我認爲W先生的公務員生活，讓他可以過著兼顧家庭生活的人生。現在，他能夠按照夢想來生活，是非常好的。

E先生「把自治會的活動當作一生的工作」

E先生（六十一歲）擔任神奈川縣川崎市的自治會會長。他很熱心，當地的居民都很感謝他。凡是路燈壞掉了的地方，或是有違規停車，資源回收的日子、收集垃圾的場所，都能夠看到他的蹤影。而且，他也會聽取居民日常的抱怨和申訴。居民的各種事務都會請他幫忙。家裡的電話響個不停，沒有太太的幫忙，是做不來的。

每天早上起床以後，就到自治會所管轄的區域巡邏一週。E先生擔任二棟國宅，以及兩旁各二棟自治會的支部自治會的會長。到六棟國宅的各個角落去巡邏時，如果碰到要上班的居民，也會一一地打招呼。仔細觀察兩旁道路的植物，遇有需要修理的事物會聯絡管理公司。晚上時，拿著手電筒，到處巡邏。記下違規車輛的號碼，對於再三勸阻不聽的車子，會把車輛號碼交給附近的警察處。巡邏一圈要花三十分鐘。早晚大約花一個小時左右。

「在公司幾乎很少走路，因此，是很好的運動。」不過，到了冬天的早上和下雨的晚上就非常辛苦了。

E先生從不曾有過怨言。太太也勸他：「不要那麼熱心嘛！」他說：「已經成爲習慣了。」就好像是每天的日課一樣。E先生曾經在大型保險公司上班，到了五十四歲時，被派到分公司擔任管理職務。從高度成長的時期轉到泡沫時期金融關係的企業，進入忙碌的時代。可是，分公司卻因爲泡沫經濟而走下坡。爲了重建公司，每天都十分忙碌。當然，每天回到家，家裡的人已經就寢了。

鄰居住的是什麼樣的人，都不清楚。和鄰居的交往，全都交給太太。退休一年之後，每天幾乎都待在家裡。甚至在搭乘電梯時，遇到一些女性向他打招呼，他也不知道要如何回禮。最後，都不想要下樓了。

「搭乘相同的電梯，卻不認得別人，覺得自己被孤立了。退休之後，應該要參加自治會的活動，好認識附近的鄰居。」

那一年，剛好輪到他擔任社區的幹部。在這之前，都由他的太太出馬。這時候，E先生說：「我來做。」不再參加假日打高爾夫球的活動，參加自治會所有的活動。隔年，被推選爲會長。「住在這地區，對於這附近鄰居的照顧，我要說聲謝謝。由於被大家推選出來，我會視之爲我一生的工作而繼續擔任。不過，不會長期連任。」

擔任壘球教練的T先生

現在的小男孩都很羨慕參加國內田徑賽或奧林匹克的選手。在我那個時代，則憧憬當棒球選手。我們經常分成二隊打棒球。

小時候，我也很想當職業棒球選手。不過，要當職業棒球選手，必須要有特別的才能。在國中、高中時期，必須參加棒球隊，否則是很困難的。

無論如何，我只在少年時期參加草地的棒球隊。

T先生（六十五歲）也是這樣的一個人。因爲身高不夠，無法擔任正統的棒球隊選手，所以一直在公司參加草地的棒球隊。

結婚之後，太太因病而過世，幸福的家庭生活很快就結束了。在這同時，公司因爲經濟不佳，被其他公司合併。於是，辭去這份工作。

在這之後，他在哥哥經營的公司幫忙，漸漸地安定下來，便想重拾自己所喜愛的棒球，可是，這把年齡已經無法在球場上打擊。

這時候，他聚集附近的孩子們，教他們壘球。本來就很喜歡棒球，所以這些孩子即使無法成爲棒球選手，也能夠很有興趣地學壘球。從聚集孩子開始，慢慢地教他們。

T先生非常了解這些孩子的狀況，終於把他們組成一個球隊。他的訓練方針不勉強，因此，孩子們也喜歡參與，人數不斷增加。終於可以進行紅白二隊的比賽了。

現在，T先生已經退休了。他成爲壘球隊的義務教練，經常自掏腰包，買糖果和飲料給孩子們吃。

他拍著胸脯說：「現在，我可以領養老金，所以生活沒有問題。在星期天的藍天之下，陪著孩子們在操場上跑，可以確保健康。我可以非常悠閒地過生活。」

我和朋友已經有數十年沒有碰到。再度相遇時，雖然彼此都已經有了白髮，可是，肌膚還是很有光澤。非常有元氣，酒量和以前一樣。有聚會時，我一定會參加。

遭遇到妻子去世，換工作等人生的挫折，他都能夠超越，還可以不忘情於所喜好的棒球。也許，是在進入他的哥哥的公司之後，才能這麼順利克服。

有些人進入親戚的公司上班，反而遭遇到挫折。他能夠不忘孩提時代的夢想，以這種型態來回饋社會，往後的人生，必定一樣充滿了元氣。

後序

健康而有元氣地生活的智慧……

我也曾經想過，「退休後二十年的夫妻，健康生活的智慧」，你是否想過呢？我想，這會讓人想上一會兒。在東京報紙連載一年的「不等人的退休」時，我曾經訪問許多有名氣的教授。參考他們的談話，規劃自己的人生。對於與家人的相處、和地區人士的交流、收入或應用、健康問題、樂趣等，雖然有各種看法，但不是完全能夠實現。

我就是託這些人的福，才能夠更加了解自己往後的人生道路，作爲參考。與各位讀者分享，就能夠避免在退休以後，遭遇一些不必要的煩惱。

在此，我要向明日香出版社的森田剛先生致謝，在其鼓勵之下，才有本書的問世。承蒙他指導收集內容和材料的方法，我本身也在家庭生活方面身體力行，嘗試一些有效果的方法。一些健康法都是我本身曾經體驗過的。尤其關於運動方面，我被醫生禁止進行游泳和短距離的快走，因此，我選擇了對於中老年人而言，毫不勉強的運動。

本來，我要向採訪過的人提名表示感謝，可是，這些人實在太多了。採訪時，有些人要求匿名。由於涉及個人隱私，而不宜公開。這是本書感到抱歉的地方。

希望各位讀者實行我退休二十年的生活智慧，和太太成爲「最佳伴侶」、「最佳配偶」。我的太太將在二年後退休。她是個護士，有時候需要輪值大夜班，會比較疲倦。這時候，我會扮演「家庭主夫」，有時候也會偸懶，經常找理由外出。

家事方面，太太是我的前輩，也是我的老師。有時候，會因爲角色的對調，讓太太覺得無法適應。太太指導我如何當家庭主夫。

我的料理手法也提升了許多，會先想好早晚的菜單，再去購物。在這之前，我們的工作都很忙碌，都是買一週分量的食物，放在冰箱中，保存來用。現在，我是現買現做，所以做出來的蔬菜和魚，更加美味。當二個人都不需要工作時，材料的新鮮度較理想。

社會方面，則積極地出擊。我在工作的時候，就去學諮商員的課程。再加上我從事新聞記者時代所得到的知識，在擔任「生活諮商員」的角色方面，會有很大的幫助。

身體方面，不要太過分注意。該注意的是，要接受健康檢查和必要的檢查，服用必須服用的藥物。同時，不要過分渲染身體各處的疼痛。這種老化現象所引起的疼痛，是不可能停止的。

此外，我做啞鈴運動已經快三年了，還是會很愉快地持續下去。二十年以後的生活，還是要這樣過。要活得更積極，更加開朗地動。就如家庭生活度的圓圖一樣，越圓，表示家庭生活越圓滿。

大展出版社有限公司	圖書目錄

地址：台北市北投區(石牌)
致遠一路二段 12 巷 1 號
郵撥：0166955～1
電話：(02)28236031
28236033
傳真：(02)28272069

・法律專欄連載・電腦編號 58

台大法學院　法律學系／策劃
法律服務社／編著

1. 別讓您的權利睡著了 1　200 元
2. 別讓您的權利睡著了 2　200 元

・秘傳占卜系列・電腦編號 14

1. 手相術	淺野八郎著	180 元
2. 人相術	淺野八郎著	180 元
3. 西洋占星術	淺野八郎著	180 元
4. 中國神奇占卜	淺野八郎著	150 元
5. 夢判斷	淺野八郎著	150 元
6. 前世、來世占卜	淺野八郎著	150 元
7. 法國式血型學	淺野八郎著	150 元
8. 靈感、符咒學	淺野八郎著	150 元
9. 紙牌占卜學	淺野八郎著	150 元
10. ESP 超能力占卜	淺野八郎著	150 元
11. 猶太數的秘術	淺野八郎著	150 元
12. 新心理測驗	淺野八郎著	160 元
13. 塔羅牌預言秘法	淺野八郎著	200 元

・趣味心理講座・電腦編號 15

1. 性格測驗① 探索男與女	淺野八郎著	140 元
2. 性格測驗② 透視人心奧秘	淺野八郎著	140 元
3. 性格測驗③ 發現陌生的自己	淺野八郎著	140 元
4. 性格測驗④ 發現你的真面目	淺野八郎著	140 元
5. 性格測驗⑤ 讓你們吃驚	淺野八郎著	140 元
6. 性格測驗⑥ 洞穿心理盲點	淺野八郎著	140 元
7. 性格測驗⑦ 探索對方心理	淺野八郎著	140 元
8. 性格測驗⑧ 由吃認識自己	淺野八郎著	160 元
9. 性格測驗⑨ 戀愛知多少	淺野八郎著	160 元
10. 性格測驗⑩ 由裝扮瞭解人心	淺野八郎著	160 元

11.	性格測驗⑪ 敲開內心玄機	淺野八郎著	140元
12.	性格測驗⑫ 透視你的未來	淺野八郎著	160元
13.	血型與你的一生	淺野八郎著	160元
14.	趣味推理遊戲	淺野八郎著	160元
15.	行為語言解析	淺野八郎著	160元

・婦 幼 天 地・電腦編號 16

1.	八萬人減肥成果	黃靜香譯	180元
2.	三分鐘減肥體操	楊鴻儒譯	150元
3.	窈窕淑女美髮秘訣	柯素娥譯	130元
4.	使妳更迷人	成　玉譯	130元
5.	女性的更年期	官舒妍編譯	160元
6.	胎內育兒法	李玉瓊編譯	150元
7.	早產兒袋鼠式護理	唐岱蘭譯	200元
8.	初次懷孕與生產	婦幼天地編譯組	180元
9.	初次育兒12個月	婦幼天地編譯組	180元
10.	斷乳食與幼兒食	婦幼天地編譯組	180元
11.	培養幼兒能力與性向	婦幼天地編譯組	180元
12.	培養幼兒創造力的玩具與遊戲	婦幼天地編譯組	180元
13.	幼兒的症狀與疾病	婦幼天地編譯組	180元
14.	腿部苗條健美法	婦幼天地編譯組	180元
15.	女性腰痛別忽視	婦幼天地編譯組	150元
16.	舒展身心體操術	李玉瓊編譯	130元
17.	三分鐘臉部體操	趙薇妮著	160元
18.	生動的笑容表情術	趙薇妮著	160元
19.	心曠神怡減肥法	川津祐介著	130元
20.	內衣使妳更美麗	陳玄茹譯	130元
21.	瑜伽美姿美容	黃靜香編著	180元
22.	高雅女性裝扮學	陳珮玲譯	180元
23.	蠶糞肌膚美顏法	坂梨秀子著	160元
24.	認識妳的身體	李玉瓊譯	160元
25.	產後恢復苗條體態	居理安・芙萊喬著	200元
26.	正確護髮美容法	山崎伊久江著	180元
27.	安琪拉美姿養生學	安琪拉蘭斯博瑞著	180元
28.	女體性醫學剖析	增田豐著	220元
29.	懷孕與生產剖析	岡部綾子著	180元
30.	斷奶後的健康育兒	東城百合子著	220元
31.	引出孩子幹勁的責罵藝術	多湖輝著	170元
32.	培養孩子獨立的藝術	多湖輝著	170元
33.	子宮肌瘤與卵巢囊腫	陳秀琳編著	180元
34.	下半身減肥法	納他夏・史達賓著	180元
35.	女性自然美容法	吳雅菁編著	180元
36.	再也不發胖	池園悅太郎著	170元

37. 生男生女控制術	中垣勝裕著	220 元
38. 使妳的肌膚更亮麗	楊　皓編著	170 元
39. 臉部輪廓變美	芝崎義夫著	180 元
40. 斑點、皺紋自己治療	高須克彌著	180 元
41. 面皰自己治療	伊藤雄康著	180 元
42. 隨心所欲瘦身冥想法	原久子著	180 元
43. 胎兒革命	鈴木丈織著	180 元
44. NS 磁氣平衡法塑造窈窕奇蹟	古屋和江著	180 元
45. 享瘦從腳開始	山田陽子著	180 元
46. 小改變瘦 4 公斤	宮本裕子著	180 元
47. 軟管減肥瘦身	高橋輝男著	180 元
48. 海藻精神秘美容法	劉名揚編著	180 元
49. 肌膚保養與脫毛	鈴木真理著	180 元
50. 10 天減肥 3 公斤	彤雲編輯組	180 元
51. 穿出自己的品味	西村玲子著	280 元

·青春天地· 電腦編號 17

1. A 血型與星座	柯素娥編譯	160 元
2. B 血型與星座	柯素娥編譯	160 元
3. O 血型與星座	柯素娥編譯	160 元
4. AB 血型與星座	柯素娥編譯	120 元
5. 青春期性教室	呂貴嵐編譯	130 元
6. 事半功倍讀書法	王毅希編譯	150 元
7. 難解數學破題	宋釗宜編譯	130 元
9. 小論文寫作秘訣	林顯茂編譯	120 元
11. 中學生野外遊戲	熊谷康編著	120 元
12. 恐怖極短篇	柯素娥編譯	130 元
13. 恐怖夜話	小毛驢編譯	130 元
14. 恐怖幽默短篇	小毛驢編譯	120 元
15. 黑色幽默短篇	小毛驢編譯	120 元
16. 靈異怪談	小毛驢編譯	130 元
17. 錯覺遊戲	小毛驢編著	130 元
18. 整人遊戲	小毛驢編著	150 元
19. 有趣的超常識	柯素娥編譯	130 元
20. 哦！原來如此	林慶旺編譯	130 元
21. 趣味競賽 100 種	劉名揚編譯	120 元
22. 數學謎題入門	宋釗宜編譯	150 元
23. 數學謎題解析	宋釗宜編譯	150 元
24. 透視男女心理	林慶旺編譯	120 元
25. 少女情懷的自白	李桂蘭編譯	120 元
26. 由兄弟姊妹看命運	李玉瓊編譯	130 元
27. 趣味的科學魔術	林慶旺編譯	150 元
28. 趣味的心理實驗室	李燕玲編譯	150 元

29. 愛與性心理測驗　小毛驢編譯　130元
30. 刑案推理解謎　小毛驢編譯　180元
31. 偵探常識推理　小毛驢編譯　180元
32. 偵探常識解謎　小毛驢編譯　130元
33. 偵探推理遊戲　小毛驢編譯　130元
34. 趣味的超魔術　廖玉山編著　150元
35. 趣味的珍奇發明　柯素娥編著　150元
36. 登山用具與技巧　陳瑞菊編著　150元
37. 性的漫談　蘇燕謀編著　180元
38. 無的漫談　蘇燕謀編著　180元
39. 黑色漫談　蘇燕謀編著　180元
40. 白色漫談　蘇燕謀編著　180元

・健康天地・電腦編號 18

1. 壓力的預防與治療　柯素娥編譯　130元
2. 超科學氣的魔力　柯素娥編譯　130元
3. 尿療法治病的神奇　中尾良一著　130元
4. 鐵證如山的尿療法奇蹟　廖玉山譯　120元
5. 一日斷食健康法　葉慈容編譯　150元
6. 胃部強健法　陳炳崑譯　120元
7. 癌症早期檢查法　廖松濤譯　160元
8. 老人痴呆症防止法　柯素娥編譯　130元
9. 松葉汁健康飲料　陳麗芬編譯　130元
10. 揉肚臍健康法　永井秋夫著　150元
11. 過勞死、猝死的預防　卓秀貞編譯　130元
12. 高血壓治療與飲食　藤山順豐著　150元
13. 老人看護指南　柯素娥編譯　150元
14. 美容外科淺談　楊啟宏著　150元
15. 美容外科新境界　楊啟宏著　150元
16. 鹽是天然的醫生　西英司郎著　140元
17. 年輕十歲不是夢　梁瑞麟譯　200元
18. 茶料理治百病　桑野和民著　180元
19. 綠茶治病寶典　桑野和民著　150元
20. 杜仲茶養顏減肥法　西田博著　150元
21. 蜂膠驚人療效　瀨長良三郎著　180元
22. 蜂膠治百病　瀨長良三郎著　180元
23. 醫藥與生活㈠　鄭炳全著　180元
24. 鈣長生寶典　落合敏著　180元
25. 大蒜長生寶典　木下繁太郎著　160元
26. 居家自我健康檢查　石川恭三著　160元
27. 永恆的健康人生　李秀鈴譯　200元
28. 大豆卵磷脂長生寶典　劉雪卿譯　150元
29. 芳香療法　梁艾琳譯　160元

30. 醋長生寶典	柯素娥譯	180 元
31. 從星座透視健康	席拉・吉蒂斯著	180 元
32. 愉悅自在保健學	野本二士夫著	160 元
33. 裸睡健康法	丸山淳士等著	160 元
34. 糖尿病預防與治療	藤田順豐著	180 元
35. 維他命長生寶典	菅原明子著	180 元
36. 維他命 C 新效果	鐘文訓編	150 元
37. 手、腳病理按摩	堤芳朗著	160 元
38. AIDS 瞭解與預防	彼得塔歇爾著	180 元
39. 甲殼質殼聚糖健康法	沈永嘉譯	160 元
40. 神經痛預防與治療	木下真男著	160 元
41. 室內身體鍛鍊法	陳炳崑編著	160 元
42. 吃出健康藥膳	劉大器編著	180 元
43. 自我指壓術	蘇燕謀編著	160 元
44. 紅蘿蔔汁斷食療法	李玉瓊編著	150 元
45. 洗心術健康秘法	竺翠萍編譯	170 元
46. 枇杷葉健康療法	柯素娥編譯	180 元
47. 抗衰血癒	楊啟宏著	180 元
48. 與癌搏鬥記	逸見政孝著	180 元
49. 冬蟲夏草長生寶典	高橋義博著	170 元
50. 痔瘡・大腸疾病先端療法	宮島伸宜著	180 元
51. 膠布治癒頑固慢性病	加瀨建造著	180 元
52. 芝麻神奇健康法	小林貞作著	170 元
53. 香煙能防止癡呆？	高田明和著	180 元
54. 穀菜食治癌療法	佐藤成志著	180 元
55. 貼藥健康法	松原英多著	180 元
56. 克服癌症調和道呼吸法	帶津良一著	180 元
57. B 型肝炎預防與治療	野村喜重郎著	180 元
58. 青春永駐養生導引術	早島正雄著	180 元
59. 改變呼吸法創造健康	原久子著	180 元
60. 荷爾蒙平衡養生秘訣	出村博著	180 元
61. 水美肌健康法	井戶勝富著	170 元
62. 認識食物掌握健康	廖梅珠編著	170 元
63. 痛風劇痛消除法	鈴木吉彥著	180 元
64. 酸莖菌驚人療效	上田明彥著	180 元
65. 大豆卵磷脂治現代病	神津健一著	200 元
66. 時辰療法—危險時刻凌晨 4 時	呂建強等著	180 元
67. 自然治癒力提升法	帶津良一著	180 元
68. 巧妙的氣保健法	藤平墨子著	180 元
69. 治癒 C 型肝炎	熊田博光著	180 元
70. 肝臟病預防與治療	劉名揚編著	180 元
71. 腰痛平衡療法	荒井政信著	180 元
72. 根治多汗症、狐臭	稻葉益巳著	220 元
73. 40 歲以後的骨質疏鬆症	沈永嘉譯	180 元

74. 認識中藥	松下一成著	180 元
75. 認識氣的科學	佐佐木茂美著	180 元
76. 我戰勝了癌症	安田伸著	180 元
77. 斑點是身心的危險信號	中野進著	180 元
78. 艾波拉病毒大震撼	玉川重德著	180 元
79. 重新還我黑髮	桑名隆一郎著	180 元
80. 身體節律與健康	林博史著	180 元
81. 生薑治萬病	石原結實著	180 元
82. 靈芝治百病	陳瑞東著	180 元
83. 木炭驚人的威力	大槻彰著	200 元
84. 認識活性氧	井土貴司著	180 元
85. 深海鮫治百病	廖玉山編著	180 元
86. 神奇的蜂王乳	井上丹治著	180 元
87. 卡拉 OK 健腦法	東潔著	180 元
88. 卡拉 OK 健康法	福田伴男著	180 元
89. 醫藥與生活(二)	鄭炳全著	200 元
90. 洋蔥治百病	宮尾興平著	180 元
91. 年輕 10 歲快步健康法	石塚忠雄著	180 元
92. 石榴的驚人神效	岡本順子著	180 元
93. 飲料健康法	白鳥早奈英著	180 元
94. 健康棒體操	劉名揚編譯	180 元
95. 催眠健康法	蕭京凌編著	180 元
96. 鬱金（美王）治百病	水野修一著	180 元

・實用女性學講座・電腦編號 19

1. 解讀女性內心世界	島田一男著	150 元
2. 塑造成熟的女性	島田一男著	150 元
3. 女性整體裝扮學	黃靜香編著	180 元
4. 女性應對禮儀	黃靜香編著	180 元
5. 女性婚前必修	小野十傳著	200 元
6. 徹底瞭解女人	田口二州著	180 元
7. 拆穿女性謊言 88 招	島田一男著	200 元
8. 解讀女人心	島田一男著	200 元
9. 俘獲女性絕招	志賀貢著	200 元
10. 愛情的壓力解套	中村理英子著	200 元
11. 妳是人見人愛的女孩	廖松濤編著	200 元

・校園系列・電腦編號 20

1. 讀書集中術	多湖輝著	150 元
2. 應考的訣竅	多湖輝著	150 元
3. 輕鬆讀書贏得聯考	多湖輝著	150 元

4.	讀書記憶秘訣	多湖輝著	150元
5.	視力恢復！超速讀術	江錦雲譯	180元
6.	讀書 36 計	黃柏松編著	180元
7.	驚人的速讀術	鐘文訓編著	170元
8.	學生課業輔導良方	多湖輝著	180元
9.	超速讀超記憶法	廖松濤編著	180元
10.	速算解題技巧	宋釗宜編著	200元
11.	看圖學英文	陳炳崑編著	200元
12.	讓孩子最喜歡數學	沈永嘉譯	180元
13.	催眠記憶術	林碧清譯	180元
14.	催眠速讀術	林碧清譯	180元

・實用心理學講座・電腦編號 21

1.	拆穿欺騙伎倆	多湖輝著	140元
2.	創造好構想	多湖輝著	140元
3.	面對面心理術	多湖輝著	160元
4.	偽裝心理術	多湖輝著	140元
5.	透視人性弱點	多湖輝著	140元
6.	自我表現術	多湖輝著	180元
7.	不可思議的人性心理	多湖輝著	180元
8.	催眠術入門	多湖輝著	150元
9.	責罵部屬的藝術	多湖輝著	150元
10.	精神力	多湖輝著	150元
11.	厚黑說服術	多湖輝著	150元
12.	集中力	多湖輝著	150元
13.	構想力	多湖輝著	150元
14.	深層心理術	多湖輝著	160元
15.	深層語言術	多湖輝著	160元
16.	深層說服術	多湖輝著	180元
17.	掌握潛在心理	多湖輝著	160元
18.	洞悉心理陷阱	多湖輝著	180元
19.	解讀金錢心理	多湖輝著	180元
20.	拆穿語言圈套	多湖輝著	180元
21.	語言的內心玄機	多湖輝著	180元
22.	積極力	多湖輝著	180元

・超現實心理講座・電腦編號 22

1.	超意識覺醒法	詹蔚芬編譯	130元
2.	護摩秘法與人生	劉名揚編譯	130元
3.	秘法！超級仙術入門	陸明譯	150元
4.	給地球人的訊息	柯素娥編著	150元

5. 密教的神通力	劉名揚編著	130 元
6. 神秘奇妙的世界	平川陽一著	200 元
7. 地球文明的超革命	吳秋嬌譯	200 元
8. 力量石的秘密	吳秋嬌譯	180 元
9. 超能力的靈異世界	馬小莉譯	200 元
10. 逃離地球毀滅的命運	吳秋嬌譯	200 元
11. 宇宙與地球終結之謎	南山宏著	200 元
12. 驚世奇功揭秘	傅起鳳著	200 元
13. 啟發身心潛力心象訓練法	栗田昌裕著	180 元
14. 仙道術遁甲法	高藤聰一郎著	220 元
15. 神通力的秘密	中岡俊哉著	180 元
16. 仙人成仙術	高藤聰一郎著	200 元
17. 仙道符咒氣功法	高藤聰一郎著	220 元
18. 仙道風水術尋龍法	高藤聰一郎著	200 元
19. 仙道奇蹟超幻像	高藤聰一郎著	200 元
20. 仙道鍊金術房中法	高藤聰一郎著	200 元
21. 奇蹟超醫療治癒難病	深野一幸著	220 元
22. 揭開月球的神秘力量	超科學研究會	180 元
23. 西藏密教奧義	高藤聰一郎著	250 元
24. 改變你的夢術入門	高藤聰一郎著	250 元
25. 21 世紀拯救地球超技術	深野一幸著	250 元

·養 生 保 健· 電腦編號 23

1. 醫療養生氣功	黃孝寬著	250 元
2. 中國氣功圖譜	余功保著	230 元
3. 少林醫療氣功精粹	井玉蘭著	250 元
4 龍形實用氣功	吳大才等著	220 元
5. 魚戲增視強身氣功	宮 嬰著	220 元
6. 嚴新氣功	前新培金著	250 元
7. 道家玄牝氣功	張 章著	200 元
8. 仙家秘傳袪病功	李遠國著	160 元
9. 少林十大健身功	秦慶豐著	180 元
10. 中國自控氣功	張明武著	250 元
11. 醫療防癌氣功	黃孝寬著	250 元
12. 醫療強身氣功	黃孝寬著	250 元
13. 醫療點穴氣功	黃孝寬著	250 元
14. 中國八卦如意功	趙維漢著	180 元
15. 正宗馬禮堂養氣功	馬禮堂著	420 元
16. 秘傳道家筋經內丹功	王慶餘著	280 元
17. 三元開慧功	辛桂林著	250 元
18. 防癌治癌新氣功	郭 林著	180 元
19. 禪定與佛家氣功修煉	劉天君著	200 元
20. 顛倒之術	梅自強著	360 元

21. 簡明氣功辭典	吳家駿編	360 元
22. 八卦三合功	張全亮著	230 元
23. 朱砂掌健身養生功	楊永著	250 元
24. 抗老功	陳九鶴著	230 元
25. 意氣按穴排濁自療法	黃啟運編著	250 元
26. 陳式太極拳養生功	陳正雷著	200 元
27. 健身祛病小功法	王培生著	200 元
28. 張式太極混元功	張春銘著	250 元

・社會人智囊・ 電腦編號 24

1. 糾紛談判術	清水增三著	160 元
2. 創造關鍵術	淺野八郎著	150 元
3. 觀人術	淺野八郎著	180 元
4. 應急詭辯術	廖英迪編著	160 元
5. 天才家學習術	木原武一著	160 元
6. 貓型狗式鑑人術	淺野八郎著	180 元
7. 逆轉運掌握術	淺野八郎著	180 元
8. 人際圓融術	澀谷昌三著	160 元
9. 解讀人心術	淺野八郎著	180 元
10. 與上司水乳交融術	秋元隆司著	180 元
11. 男女心態定律	小田晉著	180 元
12. 幽默說話術	林振輝編著	200 元
13. 人能信賴幾分	淺野八郎著	180 元
14. 我一定能成功	李玉瓊譯	180 元
15. 獻給青年的嘉言	陳蒼杰譯	180 元
16. 知人、知面、知其心	林振輝編著	180 元
17. 塑造堅強的個性	坂上肇著	180 元
18. 為自己而活	佐藤綾子著	180 元
19. 未來十年與愉快生活有約	船井幸雄著	180 元
20. 超級銷售話術	杜秀卿譯	180 元
21. 感性培育術	黃靜香編著	180 元
22. 公司新鮮人的禮儀規範	蔡媛惠譯	180 元
23. 傑出職員鍛鍊術	佐佐木正著	180 元
24. 面談獲勝戰略	李芳黛譯	180 元
25. 金玉良言撼人心	森純大著	180 元
26. 男女幽默趣典	劉華亭編著	180 元
27. 機智說話術	劉華亭編著	180 元
28. 心理諮商室	柯素娥譯	180 元
29. 如何在公司崢嶸頭角	佐佐木正著	180 元
30. 機智應對術	李玉瓊編著	200 元
31. 克服低潮良方	坂野雄二著	180 元
32. 智慧型說話技巧	沈永嘉編著	180 元
33. 記憶力、集中力增進術	廖松濤編著	180 元

34.	女職員培育術	林慶旺編著	180 元
35.	自我介紹與社交禮儀	柯素娥編著	180 元
36.	積極生活創幸福	田中真澄著	180 元
37.	妙點子超構想	多湖輝著	180 元
38.	說 NO 的技巧	廖玉山編著	180 元
39.	一流說服力	李玉瓊編著	180 元
40.	般若心經成功哲學	陳鴻蘭編著	180 元
41.	訪問推銷術	黃靜香編著	180 元
42.	男性成功秘訣	陳蒼杰編著	180 元
43.	笑容、人際智商	宮川澄子著	180 元
44.	多湖輝的構想工作室	多湖輝著	200 元
45.	名人名語啟示錄	喬家楓著	180 元
46.	口才必勝術	黃柏松編著	220 元
47.	能言善道的說話術	章智冠編著	180 元

・精 選 系 列・電腦編號 25

1.	毛澤東與鄧小平	渡邊利夫等著	280 元
2.	中國大崩裂	江戶介雄著	180 元
3.	台灣・亞洲奇蹟	上村幸治著	220 元
4.	7-ELEVEN 高盈收策略	國友隆一著	180 元
5.	台灣獨立（新・中國日本戰爭一）	森詠著	200 元
6.	迷失中國的末路	江戶雄介著	220 元
7.	2000 年 5 月全世界毀滅	紫藤甲子男著	180 元
8.	失去鄧小平的中國	小島朋之著	220 元
9.	世界史爭議性異人傳	桐生操著	200 元
10.	淨化心靈享人生	松濤弘道著	220 元
11.	人生心情診斷	賴藤和寬著	220 元
12.	中美大決戰	檜山良昭著	220 元
13.	黃昏帝國美國	莊雯琳譯	220 元
14.	兩岸衝突（新・中國日本戰爭二）	森詠著	220 元
15.	封鎖台灣（新・中國日本戰爭三）	森詠著	220 元
16.	中國分裂（新・中國日本戰爭四）	森詠著	220 元
17.	由女變男的我	虎井正衛著	200 元
18.	佛學的安心立命	松濤弘道著	220 元
19.	世界喪禮大觀	松濤弘道著	280 元

・運 動 遊 戲・電腦編號 26

1.	雙人運動	李玉瓊譯	160 元
2.	愉快的跳繩運動	廖玉山譯	180 元
3.	運動會項目精選	王佑京譯	150 元
4.	肋木運動	廖玉山譯	150 元

5.	測力運動	王佑宗譯	150 元
6.	游泳入門	唐桂萍編著	200 元

・休閒娛樂・電腦編號 27

1.	海水魚飼養法	田中智浩著	300 元
2.	金魚飼養法	曾雪玫譯	250 元
3.	熱門海水魚	毛利匡明著	480 元
4.	愛犬的教養與訓練	池田好雄著	250 元
5.	狗教養與疾病	杉浦哲著	220 元
6.	小動物養育技巧	三上昇著	300 元
7.	水草選擇、培育、消遣	安齊裕司著	300 元
20.	園藝植物管理	船越亮二著	220 元
40.	撲克牌遊戲與贏牌秘訣	林振輝編著	180 元
41.	撲克牌魔術、算命、遊戲	林振輝編著	180 元
42.	撲克占卜入門	王家成編著	180 元
50.	兩性幽默	幽默選集編輯組	180 元
51.	異色幽默	幽默選集編輯組	180 元

・銀髮族智慧學・電腦編號 28

1.	銀髮六十樂逍遙	多湖輝著	170 元
2.	人生六十反年輕	多湖輝著	170 元
3.	六十歲的決斷	多湖輝著	170 元
4.	銀髮族健身指南	孫瑞台編著	250 元
5.	退休後的夫妻健康生活	施聖茹譯	200 元

・飲食保健・電腦編號 29

1.	自己製作健康茶	大海淳著	220 元
2.	好吃、具藥效茶料理	德永睦子著	220 元
3.	改善慢性病健康藥草茶	吳秋嬌譯	200 元
4.	藥酒與健康果菜汁	成玉編著	250 元
5.	家庭保健養生湯	馬汴梁編著	220 元
6.	降低膽固醇的飲食	早川和志著	200 元
7.	女性癌症的飲食	女子營養大學	280 元
8.	痛風者的飲食	女子營養大學	280 元
9.	貧血者的飲食	女子營養大學	280 元
10.	高脂血症者的飲食	女子營養大學	280 元
11.	男性癌症的飲食	女子營養大學	280 元
12.	過敏者的飲食	女子營養大學	280 元
13.	心臟病的飲食	女子營養大學	280 元
14.	滋陰壯陽的飲食	王增著	220 元

15. 胃、十二指腸潰瘍的飲食	勝健一等著	280 元
16. 肥胖者的飲食	雨宮禎子等著	280 元

・家庭醫學保健・電腦編號 30

1. 女性醫學大全	雨森良彥著	380 元
2. 初為人父育兒寶典	小瀧周曹著	220 元
3. 性活力強健法	相建華著	220 元
4. 30 歲以上的懷孕與生產	李芳黛編著	220 元
5. 舒適的女性更年期	野末悅子著	200 元
6. 夫妻前戲的技巧	笠井寬司著	200 元
7. 病理足穴按摩	金慧明著	220 元
8. 爸爸的更年期	河野孝旺著	200 元
9. 橡皮帶健康法	山田晶著	180 元
10. 三十三天健美減肥	相建華等著	180 元
11. 男性健美入門	孫玉祿編著	180 元
12. 強化肝臟秘訣	主婦の友社編	200 元
13. 了解藥物副作用	張果馨譯	200 元
14. 女性醫學小百科	松山榮吉著	200 元
15. 左轉健康法	龜田修等著	200 元
16. 實用天然藥物	鄭炳全編著	260 元
17. 神秘無痛平衡療法	林宗駛著	180 元
18. 膝蓋健康法	張果馨譯	180 元
19. 針灸治百病	葛書翰著	250 元
20. 異位性皮膚炎治癒法	吳秋嬌譯	220 元
21. 禿髮白髮預防與治療	陳炳崑編著	180 元
22. 埃及皇宮菜健康法	飯森薰著	200 元
23. 肝臟病安心治療	上野幸久著	220 元
24. 耳穴治百病	陳抗美等著	250 元
25. 高效果指壓法	五十嵐康彥著	200 元
26. 瘦水、胖水	鈴木園子著	200 元
27. 手針新療法	朱振華著	200 元
28. 香港腳預防與治療	劉小惠譯	250 元
29. 智慧飲食吃出健康	柯富陽編著	200 元
30. 牙齒保健法	廖玉山編著	200 元
31. 恢復元氣養生食	張果馨譯	200 元
32. 特效推拿按摩術	李玉田著	200 元
33. 一週一次健康法	若狹真著	200 元
34. 家常科學膳食	大塚滋著	220 元
35. 夫妻們關心的男性不孕	原利夫著	220 元
36. 自我瘦身美容	馬野詠子著	200 元
37. 魔法姿勢益健康	五十嵐康彥著	200 元
38. 眼病錘療法	馬栩周著	200 元
39. 預防骨質疏鬆症	藤田拓男著	200 元

40. 骨質增生效驗方	李吉茂編著	250 元
41. 蕺菜健康法	小林正夫著	200 元
42. 赧於啟齒的男性煩惱	增田豐著	220 元
43. 簡易自我健康檢查	稻葉允著	250 元
44. 實用花草健康法	友田純子著	200 元
45. 神奇的手掌療法	日比野喬著	230 元
46. 家庭式三大穴道療法	刑部忠和著	200 元
47. 子宮癌、卵巢癌	岡島弘幸著	220 元
48. 糖尿病機能性食品	劉雪卿編著	220 元
49. 奇蹟活現經脈美容法	林振輝編譯	200 元
50. Super SEX	秋好憲一著	220 元
51. 了解避孕丸	林玉佩譯	200 元
52. 有趣的遺傳學	蕭京凌編著	200 元
53. 強身健腦手指運動	羅群等著	250 元

・超經營新智慧・電腦編號 31

1. 躍動的國家越南	林雅倩譯	250 元
2. 甦醒的小龍菲律賓	林雅倩譯	220 元
3. 中國的危機與商機	中江要介著	250 元
4. 在印度的成功智慧	山內利男著	220 元
5. 7-ELEVEN 大革命	村上豐道著	200 元
6. 業務員成功秘方	呂育清編著	200 元
7. 在亞洲成功的智慧	鈴木讓二著	220 元

・親子系列・電腦編號 32

1. 如何使孩子出人頭地	多湖輝著	200 元
2. 心靈啟蒙教育	多湖輝著	280 元

・雅致系列・電腦編號 33

1. 健康食譜春冬篇	丸元淑生著	200 元
2. 健康食譜夏秋篇	丸元淑生著	200 元
3. 純正家庭料理	陳建民等著	200 元
4. 家庭四川菜	陳建民著	200 元
5. 醫食同源健康美食	郭長聚著	200 元
6. 家族健康食譜	東畑朝子著	200 元

・美術系列・電腦編號 34

1. 可愛插畫集	鉛筆等著	220 元
2. 人物插畫集	鉛筆等著	元

・心靈雅集・電腦編號 00

1.	禪言佛語看人生	松濤弘道著	180 元
2.	禪密教的奧秘	葉逯謙譯	120 元
3.	觀音大法力	田口日勝著	120 元
4.	觀音法力的大功德	田口日勝著	120 元
5.	達摩禪 106 智慧	劉華亭編譯	220 元
6.	有趣的佛教研究	葉逯謙編譯	170 元
7.	夢的開運法	蕭京凌譯	130 元
8.	禪學智慧	柯素娥編譯	130 元
9.	女性佛教入門	許俐萍譯	110 元
10.	佛像小百科	心靈雅集編譯組	130 元
11.	佛教小百科趣談	心靈雅集編譯組	120 元
12.	佛教小百科漫談	心靈雅集編譯組	150 元
13.	佛教知識小百科	心靈雅集編譯組	150 元
14.	佛學名言智慧	松濤弘道著	220 元
15.	釋迦名言智慧	松濤弘道著	220 元
16.	活人禪	平田精耕著	120 元
17.	坐禪入門	柯素娥編譯	150 元
18.	現代禪悟	柯素娥編譯	130 元
19.	道元禪師語錄	心靈雅集編譯組	130 元
20.	佛學經典指南	心靈雅集編譯組	130 元
21.	何謂「生」阿含經	心靈雅集編譯組	150 元
22.	一切皆空　般若心經	心靈雅集編譯組	180 元
23.	超越迷惘　法句經	心靈雅集編譯組	130 元
24.	開拓宇宙觀　華嚴經	心靈雅集編譯組	180 元
25.	真實之道　法華經	心靈雅集編譯組	130 元
26.	自由自在　涅槃經	心靈雅集編譯組	130 元
27.	沈默的教示　維摩經	心靈雅集編譯組	150 元
28.	開通心眼　佛語佛戒	心靈雅集編譯組	130 元
29.	揭秘寶庫　密教經典	心靈雅集編譯組	180 元
30.	坐禪與養生	廖松濤譯	110 元
31.	釋尊十戒	柯素娥編譯	120 元
32.	佛法與神通	劉欣如編著	120 元
33.	悟（正法眼藏的世界）	柯素娥編譯	120 元
34.	只管打坐	劉欣如編著	120 元
35.	喬答摩・佛陀傳	劉欣如編著	120 元
36.	唐玄奘留學記	劉欣如編著	120 元
37.	佛教的人生觀	劉欣如編譯	110 元
38.	無門關(上卷)	心靈雅集編譯組	150 元
39.	無門關(下卷)	心靈雅集編譯組	150 元
40.	業的思想	劉欣如編著	130 元
41.	佛法難學嗎	劉欣如著	140 元

42. 佛法實用嗎	劉欣如著	140 元
43. 佛法殊勝嗎	劉欣如著	140 元
44. 因果報應法則	李常傳編	180 元
45. 佛教醫學的奧秘	劉欣如編著	150 元
46. 紅塵絕唱	海　若著	130 元
47. 佛教生活風情	洪丕謨、姜玉珍著	220 元
48. 行住坐臥有佛法	劉欣如著	160 元
49. 起心動念是佛法	劉欣如著	160 元
50. 四字禪語	曹洞宗青年會	200 元
51. 妙法蓮華經	劉欣如編著	160 元
52. 根本佛教與大乘佛教	葉作森編	180 元
53. 大乘佛經	定方晟著	180 元
54. 須彌山與極樂世界	定方晟著	180 元
55. 阿闍世的悟道	定方晟著	180 元
56. 金剛經的生活智慧	劉欣如著	180 元
57. 佛教與儒教	劉欣如編譯	180 元
58. 佛教史入門	劉欣如編譯	180 元
59. 印度佛教思想史	劉欣如編譯	200 元
60. 佛教與女姓	劉欣如編譯	180 元
61. 禪與人生	洪丕謨主編	260 元

・經 營 管 理・電腦編號 01

◎ 創新經營管理六十六大計(精)	蔡弘文編	780 元
1. 如何獲取生意情報	蘇燕謀譯	110 元
2. 經濟常識問答	蘇燕謀譯	130 元
4. 台灣商戰風雲錄	陳中雄著	120 元
5. 推銷大王秘錄	原一平著	180 元
6. 新創意・賺大錢	王家成譯	90 元
7. 工廠管理新手法	琪　輝著	120 元
10. 美國實業 24 小時	柯順隆譯	80 元
11. 撼動人心的推銷法	原一平著	150 元
12. 高竿經營法	蔡弘文編	120 元
13. 如何掌握顧客	柯順隆譯	150 元
17. 一流的管理	蔡弘文編	150 元
18. 外國人看中韓經濟	劉華亭譯	150 元
20. 突破商場人際學	林振輝編著	90 元
22. 如何使女人打開錢包	林振輝編著	100 元
24. 小公司經營策略	王嘉誠著	160 元
25. 成功的會議技巧	鐘文訓編譯	100 元
26. 新時代老闆學	黃柏松編著	100 元
27. 如何創造商場智囊團	林振輝編譯	150 元
28. 十分鐘推銷術	林振輝編譯	180 元
29. 五分鐘育才	黃柏松編譯	100 元

33. 自我經濟學	廖松濤編譯	100 元
34. 一流的經營	陶田生編著	120 元
35. 女性職員管理術	王昭國編譯	120 元
36. ＩＢＭ的人事管理	鐘文訓編譯	150 元
37. 現代電腦常識	王昭國編譯	150 元
38. 電腦管理的危機	鐘文訓編譯	120 元
39. 如何發揮廣告效果	王昭國編譯	150 元
40. 最新管理技巧	王昭國編譯	150 元
41. 一流推銷術	廖松濤編譯	150 元
42. 包裝與促銷技巧	王昭國編譯	130 元
43. 企業王國指揮塔	松下幸之助著	120 元
44. 企業精銳兵團	松下幸之助著	120 元
45. 企業人事管理	松下幸之助著	100 元
46. 華僑經商致富術	廖松濤編譯	130 元
47. 豐田式銷售技巧	廖松濤編譯	180 元
48. 如何掌握銷售技巧	王昭國編著	130 元
50. 洞燭機先的經營	鐘文訓編譯	150 元
52. 新世紀的服務業	鐘文訓編譯	100 元
53. 成功的領導者	廖松濤編譯	120 元
54. 女推銷員成功術	李玉瓊編譯	130 元
55. ＩＢＭ人才培育術	鐘文訓編譯	100 元
56. 企業人自我突破法	黃琪輝編著	150 元
58. 財富開發術	蔡弘文編著	130 元
59. 成功的店舖設計	鐘文訓編著	150 元
61. 企管回春法	蔡弘文編著	130 元
62. 小企業經營指南	鐘文訓編譯	100 元
63. 商場致勝名言	鐘文訓編譯	150 元
64. 迎接商業新時代	廖松濤編譯	100 元
66. 新手股票投資入門	何朝乾編著	200 元
67. 上揚股與下跌股	何朝乾編譯	180 元
68. 股票速成學	何朝乾編譯	200 元
69. 理財與股票投資策略	黃俊豪編著	180 元
70. 黃金投資策略	黃俊豪編著	180 元
71. 厚黑管理學	廖松濤編譯	180 元
72. 股市致勝格言	呂梅莎編譯	180 元
73. 透視西武集團	林谷燁編譯	150 元
76. 巡迴行銷術	陳蒼杰譯	150 元
77. 推銷的魔術	王嘉誠譯	120 元
78. 60 秒指導部屬	周蓮芬編譯	150 元
79. 精銳女推銷員特訓	李玉瓊編譯	130 元
80. 企劃、提案、報告圖表的技巧	鄭汶譯	180 元
81. 海外不動產投資	許達守編譯	150 元
82. 八百伴的世界策略	李玉瓊譯	150 元
83. 服務業品質管理	吳宜芬譯	180 元

84. 零庫存銷售	黃東謙編譯	150 元
85. 三分鐘推銷管理	劉名揚編譯	150 元
86. 推銷大王奮鬥史	原一平著	150 元
87. 豐田汽車的生產管理	林谷燁編譯	150 元

·成 功 寶 庫·電腦編號 02

1. 上班族交際術	江森滋著	100 元
2. 拍馬屁訣竅	廖玉山編譯	110 元
4. 聽話的藝術	歐陽輝編譯	110 元
9. 求職轉業成功術	陳義編著	110 元
10. 上班族禮儀	廖玉山編著	120 元
11. 接近心理學	李玉瓊編著	100 元
12. 創造自信的新人生	廖松濤編著	120 元
15. 神奇瞬間瞑想法	廖松濤編譯	100 元
16. 人生成功之鑰	楊意苓編著	150 元
19. 給企業人的諍言	鐘文訓編著	120 元
20. 企業家自律訓練法	陳義編譯	100 元
21. 上班族妖怪學	廖松濤編著	100 元
22. 猶太人縱橫世界的奇蹟	孟佑政編著	110 元
25. 你是上班族中強者	嚴思圖編著	100 元
30. 成功頓悟 100 則	蕭京凌編譯	130 元
32. 知性幽默	李玉瓊編譯	130 元
33. 熟記對方絕招	黃靜香編譯	100 元
37. 察言觀色的技巧	劉華亭編著	180 元
38. 一流領導力	施義彥編譯	120 元
40. 30 秒鐘推銷術	廖松濤編譯	150 元
42. 尖端時代行銷策略	陳蒼杰編著	100 元
43. 顧客管理學	廖松濤編著	100 元
44. 如何使對方說 Yes	程羲編著	150 元
47. 上班族口才學	楊鴻儒譯	120 元
48. 上班族新鮮人須知	程羲編著	120 元
49. 如何左右逢源	程羲編著	130 元
50. 語言的心理戰	多湖輝著	130 元
55. 性惡企業管理學	陳蒼杰譯	130 元
56. 自我啟發 200 招	楊鴻儒編著	150 元
57. 做個傑出女職員	劉名揚編著	130 元
58. 靈活的集團營運術	楊鴻儒編著	120 元
60. 個案研究活用法	楊鴻儒編著	130 元
61. 企業教育訓練遊戲	楊鴻儒編著	120 元
62. 管理者的智慧	程義編譯	130 元
63. 做個佼佼管理者	馬筱莉編譯	130 元
67. 活用禪學於企業	柯素娥編譯	130 元
69. 幽默詭辯術	廖玉山編譯	150 元

國家圖書館出版品預行編目資料

退休後的夫妻健康生活/並木智彬著；施聖茹譯
——初版，——臺北市，大展，1999〔民88〕
206面；21公分，——（銀髮族智慧學；5）
譯自：定年後の20年を夫婦とも元氣に暮らす知惠
ISBN 957-557-924-0（平裝）

1.退休 2.生活指導 3.健康法 4.老人
544.83 88005211

退休後的夫妻健康生活

ISBN 957-557-924-0

原著者/ 並木智彬
編譯者/ 施聖茹
發行人/ 蔡森明
出版者/ 大展出版社有限公司
社址/ 台北市北投區（石牌）致遠一路2段12巷1號
電話/（02）28236031・28236033
傳真/（02）28272069
郵政劃撥/ 0166955-1
登記證/ 局版臺業字第2171號
承印者/ 高星企業有限公司
裝訂/ 日新裝訂所
排版者/ 弘益電腦排版有限公司
電話/（02）27403609・27112792
初版1刷/ 1999年（民88年） 6月

定價/ 200元

大展好書 好書大展

大展好書 好書大展